•FONTANA•

FEDERICO GARCÍA LORCA

SELECCIÓN POÉTICA

PRÓLOGO Y PRESENTACIÓN:

FRANCESC LL. CARDONA,
Doctor en Historia y Catedrático

SELECCIÓN POÉTICA, Federico García Lorca

Prólogo / Presentación: Francesc Lluis Cardona
Diseño gráfico / Ilustración portada: Daniel Jurado
Ilustración en portada basada en un dibujo original de Federico García Lorca, 1927.

Edita: Olmak Trade S.L.
C/ Roca Plana 1
08110 - Montcada i Reixac
Barcelona (España)

www.olmaktrade.com
info@olmaktrade.com

@O_BookTrade
#ClásicosFontana

Impreso en España / Printed in Spain

I.S.B.N: 978-84-10109-35-3
Depósito Legal: B 10069-2024

Estudio preliminar

EL AUTOR Y SU MUNDO

Nació el 5 de junio de 1898 (aunque algunos trasladan la fecha a 1900) en Fuente Vaqueros (Granada), pequeño pueblo emplazado en la parte central de su espléndida Vega. Su padre era un rico hacendado y su madre una maestra que casó en segundas nupcias al enviudar aquél sin hijos.

1898 es un año fatídico para España en el que se iniciará la pérdida final de su gran imperio al otro lado del Atlántico. Granada se llenará también de tristeza con el suicidio de uno de sus hijos, el escritor Angel Ganivet, muy lejos de su patria.

Tanto la familia paterna como la materna y sus ancestros gustaban de la lectura y la música, así como del teatro, aficiones que heredaría Federico, también cultivaría el dibujo.

Su padre con su familia se trasladaría a vivir entre 1906 o 1907 a una de sus fincas de Pinos Puente que tenía el malsonante nombre de la Asquerosa (que al parecer derivaba de *acuerosa*, con mucha agua, y que en 1943 lo cambiaría por Valderrubio) y a comienzos de 1909 se afincarían en la capital de Granada, acompañados de las excelentes perspectivas del milagro azucarero y allí estudió el bachillerato e inició los estudios universitarios de Derecho y Filosofía y Letras y los continuó en Madrid desde 1919, aunque los segundos, no los terminaría.

Rafael Alberti, un andaluz universal como lo sería Federico, nos ha dejado un retrato de éste a su paso por la famosa Residencia de Estudiantes, hija espiritual de la Institución Libre de Enseñanza, fundada por Giner de los Ríos:

> "Era García Lorca entonces un muchacho delgado, de frente ancha y larga, sobre la que temblaba a veces, índice de su exaltada pasión y lirismo, un intenso mechón de pelo negro, "empavonado" como el de Antonio Camborio de su *Romancero*. Tenía la piel morena, rebajada por un "verde aceituna"...

Por aquel entonces había salido a la luz en Granada su primer libro *Impresiones y paisajes* mientras vegetaba en la Universidad, en donde muestra en una prosa poética y de ambición retórica, su fuerte personalidad e intensa sensibilidad, todavía romántico y modernista, captando magistralmente las sensaciones granadinas, evocando en este libro primero, muchos de los motivos que después madurarían en sus libros posteriores.

En la primavera y verano de 1919, Lorca trabó amistad con Gregorio Martínez Sierra y en otoño lo hizo con el gaditano Manuel de Falla que sería fundamental para su producción. Tras el fracaso del estreno de *El maleficio de la mariposa* en Madrid, se dedicó a sacar una carrera como pudo en la Universidad madrileña. En 1920 comenzó su amistad con el cineasta Luis Buñuel.

En 1921 y 1922 aparecieron sus primeras obras líricas: *Libro de poemas* y *Primeras Canciones*, también iniciaba la composición de una obra de títeres intentando resucitar la tradición prácticamente extinguida del *teatro de cachiporra* andaluz mientras al compás de las inacabadas y no publicadas *suites* (no aparecidas hasta 1983) buceaba en una de sus debilidades: el *Cante Jondo*, cuyo primer poemario saldría a la luz en 1921, aunque su forma definitiva es de 1931.

En 1923 conoce a Salvador Dalí y junto con Buñuel se convierten en el grupo más original e inseparable de la Residencia.

Estando con su familia en Málaga, el general Miguel Primo de Rivera proclamó la primera Dictadura que iba a durar siete. Paralelamente Lorca trabajaba para Falla en un *libreto* titulado *Lola la Comedianta* y empieza a documentarse para una obra cuyo protagonista le fascina: *Mariana Pineda*, que terminará en 1925.

Sin embargo, quizás el libro de mayor resonancia de esta época de Lorca es el *Romancero gitano*, compuesto entre 1925 y 1927 y publicado al año siguiente. El romance español no había tenido una popularidad mayor desde Góngora.

Al tiempo que escribía *La zapatera prodigiosa*, en 1925 estuvo en Cadaqués y Barcelona con Salvador Dalí, el otoño anterior había conocido en la Residencia al gaditano del Puerto de Santa María, joven y apuesto poeta, Rafael Alberti. Fue entonces cuando firmó una protesta de los escritores madrileños contra los intentos gubernamentales de limitar el uso de la lengua catalana.

Su cinefilia la expresará en especial en *El paseo de Buster Keaton* que a pesar de ser una composición breve influirá en su estética posterior al igual que creció su fobia por la guardia civil por los métodos expeditivos contra los gitanos.

A partir de 1926 y su culminación con el Tricentenario de su muerte, Lorca profundiza en su admiración por el poeta cordobés Luis de Góngora hasta el punto de verse incluido en el denominado *Grupo del 27* con Pedro Salinas, Jorge Guillén, Gerardo Diego, Rafael Alberti, Dámaso Alonso, Vicente Aleixandre, Luis Cernuda, Emilio Prados, Manuel Altolaguirre... El surrealismo artístico con la publicación del *Manifiesto de André Breton* (1924) había calado hondo y su técnica (aunque no pura) la utilizaría Lorca en su huída a Nueva York (1929-1930) harto ya de la Dictadura, cuando frisaba los treinta y un años. Sus impresiones las plasmará en su inigualable libro *Poeta en Nueva York*. Su incursión a Cuba también será fecunda y enigmática: *El público*; *Oda a Walt Whitman*.

En el verano de 1930, Lorca ha regresado a España y a su querida Granada. Termina en ella *El público* y cree que con la proclamación de la Segunda República amanece una nueva y verdadera primavera para España. Apoya con entusiasmo las extraordinarias reformas educativas y es uno de los principales promotores de llevar a los pueblos a través de un teatro ambulante universitario, La Barraca, las obras de los escritores clásicos. Vuelve a Galicia que había descubierto en 1916 y nunca había olvidado su verde paisaje, sus brumas, sus supersticiones y su música triste que incorpora a su repertorio.

Hasta su trágica muerte en 1936, será el periodo más fecundo de su obra teatral.

Además de la farsa violenta en dos actos *La zapatera prodigiosa* (1930) se halla dentro de su estilo el *Retablillo de don Cristóbal* (1931) y a su teatro de Vanguardia *El público* (1930). Hay que añadir *Así que pasen cinco años* (1931). Sin embargo, su tensión dramática culmina en su *teatro de mujeres* como protagonistas: *Bodas de sangre* (1933), *Yerma* (1934), o su obra cumbre, *La casa de Bernarda Alba* (1936), estremecedor conflicto entre pasión y convenciones sociales.

Su intimidad, sin embargo, se encerrará en su lírica: *Llanto por Ignacio Sánchez Mejías* (1935); *El Diván de Tamarit* (1936) y *Sonetos del amor oscuro* (1935-1936).

Entre 1933 y 1934 visitaría Argentina y Uruguay, siendo recibido con extraordinario fervor. Platicó con frecuencia con Pablo Neruda que había desempeñado diversos cargos diplomáticos a lo largo y ancho del planeta y había sido destinado finalmente a Buenos Aires. Al parecer las relaciones con Jose Luis Borges no fueron tan amistosas.

A su vuelta la represión de la República de Derechos por los hechos de Cataluña y Asturias le deprimieron. En 1935 terminó su elegía por el torero Ignacio Sánchez Mejías, herido de muerte en la plaza de Manzanares y *Doña Rosita la Soltera o el lenguaje de las flores* en donde exploraba a la vez su propio pasado y el espíritu de la Granada que había inspirado su poesía. Se trataba de una comedia de salón y jardín.

La consagración teatral definitiva de Lorca en España tendrá lugar en 1935 con el triunfo de *Yerma* en el teatro Español de Madrid y el estreno de *Bodas de sangre* en Nueva York en versión inglesa. La actriz que más le encandila para sus obras es la catalana Margarita Xirgú, un auténtico mito del teatro que abandonaría España en 1936, tras las últimas representaciones en Barcelona de *Bodas de sangre* y *Doña Rosita la Soltera*, asfixiada por el gobierno de las Derechas.

Precisamente la falta de ayuda estatal y las presiones consiguientes, terminarán con el extraordinario experimento de La Barraca, que en 1935 dejaría de existir.

El triunfo del Frente Popular en las elecciones de febrero de 1936 dio un respiro para Lorca que terminaría y estrenaría su obra inmortal *La casa de Bernarda Alba*.

Poco le duraría el triunfo, porque a mediados de agosto, sería una de las víctimas en Granada de la tragedia de la Guerra Civil, apenas cumplidos los treinta y ocho años.*

No es nuestro propósito profundizar en ello, como tampoco en la homosexualidad del escritor por ser nuestro objetivo solamente literario. Sí es cierto que su tendencia, que respetamos, influyó en su exquisita sensibilidad como escritor.

La extraordinaria personalidad de Lorca presenta una doble fisonomía: de un lado su vitalidad y simpatía arro-

---

* En la carretera de Viznar, cerca de Granada y no lejos de Alfacar.

lladoras; de otro un íntimo malestar, un dolor existencias como escribiera Unamuno. Por ello en su producción, vasta, para su relativamente corta vida, constreñida por las degraciadas circunstancias, al lado de manifestaciones de alegre gracejo andaluz, se ofrece como razón obsesiva central, el tema del destino trágico, la más terrible frustración ante la imposibilidad de realizarse.

Su poesía pura de arraigo popular e íntimos anhelos que alcanza la cumbre de la universalidad y del lirismo. Su teatro que llega a alturas, junto con el de Valle Inclán, no alcanzadas desde el Siglo de oro. Sus tragedias no desmerecen junto a las de los eximios clásicos griegos reanudando el sentido auténtico de la misma. Su personalidad será siempre inolvidable como su imperecedera fama literaria contra todos los vientos desfavorables y mareas de la Historia.

ESTUDIO SOBRE SU OBRA POÉTICA

"Poema del cante jondo"

García Lorca realizó su primera redacción en 1921 y su forma definitiva como libro diez años más tarde. En él penetra con hondura (jondo = hondo, profundo) en la raíz de su tierra: un mundo andaluz resonante de voces de *seguiriya*, *soleá*, *saetas* a ritmo de guitarra: ¿Adónde vas seguiriya / con un ritmo sin cabeza? / ¿Qué luna recogerá tu dolor de cal y adelfa?

Fue Manuel de Falla el que amplió a Lorca sus conocimientos sobre la música y el folclore que le había iniciado Antonio Segura Mesa, fallecido en 1916. El gaditano estaba entusiasmado de la predisposición del granadino para el piano y brotó hacia él un cariño casi paternal, cariño que Lorca devolvió con amplitud.

El punto de partida para el *Poema* fue la celebración de un concurso en Granada sobre el cante para promocionarlo y darle empaque nacional e internacional. Al parecer la idea fue del propio Lorca al que le secundó el famoso músico. Se trataba de hacer volver el cante a sus raíces y librarlo del comercialismo, acercando al público a su conocimiento antropológico, musical y poético. El *Poema* nos introduce poéticamente en la Andalucía del llanto como pórtico al *Romancero gitano* que publicaría después.

Lorca consigue con él variadas formas metafóricas: humanización de elementos estáticos: Por la tarde ves temblar / los cipreses con los pájaros / mientras bordas lentamente / letras sobre el cañamazo; creaciones cromáticas: La loba bajo el naranjo lava / pañales de algodón / Tiene verdes los ojos y violeta la voz. Dentro de su cromatismo podemos recoger dos acertados desplazamientos calificativos en las que el objeto evocado proyecta su color sobre un elemento de la naturaleza o una cualidad. En la metáfora cromática "sobre el viento amarillo se abren las campanas", el bronce de las campanas transfiere su tonalidad cromática al viento que recoge los sones. En el poemilla *Amparo*, la amarillez del plumaje del canario, en una doble percepción auditiva y visual, queda convertida en cualidad del trino: "y el débil trino amarillo del canario".

El *Poema* se inicia con una mención de tres ríos andaluces: el Guadalquivir, el Darro y el Genil y sus características que acompañan al destino de los seres humanos y más particularmente a la historia mágica de Andalucía. Continúa con el poema de la *siguiriya gitana* en el que demuestra la armonía temática: paisaje, guitarra, grito y silencio. Un grito triste, melancólico y desgarrador "que hace vibrar largas cuentas del viento" que se continúa en el *Poema de la soleá*: "El grito deja en el viento una sombra de ciprés" y una atmósfera de misterio y de terror, ligado a la simbología de la *muerte*, obsesión constante del poeta. En el *Poema de la soleá* será el tema principal, así como otra obsesión que conlleva la muerte: el *puñal.*

Otro símbolo de la muerte es la *cueva* donde habitan los gitanos "muertos en vida". mientras la tortura del amor aparece en *La soleá*, el *Poema de la saeta*, comporta el amor que hiere. *El Gráfico de la Petenera* le acompaña la guitarra "que hace llorar a los sueños". Lorca humaniza el *canto de la Petenera* y la hace morir como mujer fatal y enterrada por "gente siniestra". Dos misteriosas muchachas: *la Lola* que "lava pañales de algodón" ya nos hemos referido a su cromatismo y *Amparo* que nos recuerda la soledad de doña Rosita. Dos cantaores flamencos, uno con sangre italiana otro, Juan Breva, "con cuerpo de gigante y voz de niña" Málaga, Córdoba y Sevilla configuran aquí el tríptico de ciudades andaluzas que el poeta ya ha recordado anteriormente a dos: "Sevilla para herir Córdoba para morir". En *Seis caprichos* aparecen varios motivos relacionados con el cante: la *guitarra,* el *candil, crótalo, chumbera, pita, cruz.*

La obra se cierra con la escena del *teniente coronel de la Guardia Civil* en la que Lorca insiste en la defensa del gitano y su inquina contra la Benemérita opresora y por último, coloca la desgraciada historia del *Amargo.*

Con el *Poema,* Lorca intentó que el público volviera a las fuentes primitivas del cante, como él escribió "a esos remotos países de la pena" de los cuales proceden "Los arqueros oscuros / a Sevilla se acercan" (*Poema de la saeta*)... "Vienen de los remotos países de la pena". Siempre identificó el origen de los gitanos con la entonces todavía misteriosa India. De vivir en la época actual, hubiera sido un gran activista de una ONG.

La inspiración de la seguiriya, la soleá, la saeta y la petenera dio lugar a las cuatro composiciones principales del libro. La pena es encarnada por una mujer. El amor malogrado, la muerte, la desesperación son otros temas recurrentes, casi siempre con el elemento dramático campando por sus respetos y en el *Poema de la soleá*, una alusión cristológica.

La *muerte* es pues la reina incontestable del mundo lorquiano y el *Poema del cante jondo* no es ninguna excepción. El propio Lorca en la Arquitectura del cante jondo que puso al comienzo del libro en 1931 explicará pormenorizadamente su gestación, sus orígenes y su estética, así como la importancia de la inseparable guitarra.

"Romancero gitano"

En la segunda mitad de 1936 en el territorio fiel a la República de España, las radios se cansaban de recitar: "y que yo me la llevé al río / creyendo que era mozuela, pero tenía marido" y "Antonio Torres Heredia, hijo y nieto de Camborios, con una vara de mimbre / va a Sevilla a ver los Toros". Justo tributo al que recientemente había sido asesinado en Granada por los rebeldes. Su nombre: Federico García Lorca.

Durante el Franquismo, los estudiantes reacios a la Dictadura, se sabían de memoria esos poemas pertenecientes al libro *Romancero gitano* del malogrado autor granadino. Tanto éstas como el resto que componen la obra fueron divulgadas por colegios y universidades de lengua española y elevaron a su autor a la categoría de celebridad universal.

El *Romancero gitano* lo compuso Lorca entre 1924 y 1927 (*Primer romancero*) y publicado al año siguiente, alcanzó un éxito extraordinario. En él canta a esa raza, entonces más exótica y marginada. Lorca se sintió siempre inclinado "a la comprensión simpática de los perseguidos: del gitano, del negro, del judío".

Pero hay más. Significa un renacimiento del romance lleno de concisión y de intensidad emocional; un reencuentro con la mejor tradición del romance de honda raigambre judeo-hispánica. Su versificación se ajusta a la forma tradicional octosilábica salvo la *Burla de Don Pedro a caballo* (Romance con lagunas).

Los antecedentes del *Romancero gitano* se encuentran en su *Libro de poemas* y del *Poema del cante jondo* (la primera redacción es de 1921 y su forma definitiva de 1931) y en los jugosos romances intercalados después en *Mariana Pineda* (1925).

La clave del éxito del libro es el hallazgo del pintoresquismo del mundo gitano andaluz con su gracia y modo de comportarse. Lejos de su pasado mítico, enfoca sus poemas con un objetivismo lírico. Sus personajes son en general de carne y hueso, localizables, así como el escenario donde se desenvuelven... Son casi escenas costumbristas.

Lorca ha proyectado sobre ellos sus grandes obsesiones. A la *perra negra gitana* se unen los desenlaces trágicos. En el *Romancero*, Lorca logra con sensibilidad exquisita la fusión de lo culto y lo popular. Un portentoso poder de creación le lleva a sembrar los romances de metáforas audaces: *verde carne, bronce, cuadrada y blanca la noche, las piquetas de los gallos, canciones redondas, agua de las alondras*, etc.

Al lado de los vigorosos retratos de *Soledad Montoya* y de *Antonio Camborio*, destaca el delicioso poema de *La casada infiel* con un despliegue sensitivo en una sucesión de espacio, tiempo y acontecer, con el puente poético del plano objetivo al imaginativo.

El propio Lorca escribirá que aunque lo bautizó como *Romancero gitano* en realidad es el libro de una Andalucía invisible. Lorca fue más allá del lirismo objetivo de Góngora, del narrativo y romántico del duque de Rivas y del legendario de Zorrilla, sin olvidar el romance lírico de Juan Ramón Jiménez.

El primer bloque de siete romances se halla preñado de dramatismo y se encuentra protagonizado por figuras femeninas, pero en los dos primeros intervienen las fuerzas cósmicas como la luna y el viento. Después hay un remanso de paz con la aparición de las tres grandes capitales andaluzas bajo la advocación de San Miguel, Granada, San Rafael, Córdoba y San Gabriel, Sevilla.

Acto seguido aparecen los protagonistas masculinos con un trágico final dramático que tanto gustaba a Lorca. Y finalmente evoca la Andalucía romana, la medieval y la judaica con incesto incluido.

Para Lorca, la guardia civil es el antagonista, el gran enemigo del gitano. Despiadado, sin el menor atisbo de generosidad y compasión, se vale arbitrariamente de su poder y es portador de la destrucción y la muerte. Hasta el portal de Belén a donde acuden los gitanos para adorar al Niño, es atacado por la Benemérita. Ni San José se libra de las heridas mientras amortaja una muchacha y "La Virgen cura a los niños con salivilla de estrellas", preciosa metáfora. Todos, todos los actuantes del sagrado Portal han sido transformados por obra y gracia de la imaginación del poeta, en representantes de la raza calé. Gitanos y judíos proscritos deben ser exterminados, refugiados en las iglesias interpretan la protección de los santos.

Otros símbolos presentes en el *Romancero* son la luna, el caballo, la sangre, la muerte y los ángeles, el pez, el toro, las flores, el color verde... La luna no es romántica en el *Romancero*, todo lo contrario, para los gitanos es portadora de dolor, de muerte y de tragedias. El caballo se une a ella como símbolo de destrucción irreparable perpetrada por el jinete, indudablemente la Guardia Civil.

La sangre y la muerte van unidas en el *Romancero* como lo están para el gitano el éxodo y la marginación muy a pesar suyo y eso lo sabe muy bien el poeta que hace de su poemario una apología de la raza maldita y de su modo de vida que refleja con dolorido acento en el *Cante jondo*, intérprete del alma colectiva andaluza.

«El libro en conjunto, aunque se llama gitano, es el poema de Andalucía y lo llamo gitano porque el gitano es lo más elevado, lo más profundo, más aristocrático de mi país, lo más representativo de su modo y el que guarda el ascua, la sangre y el alfabeto de la verdad andaluza y universal.»

(Citado por Ian Gibson: *Vida, pasión y muerte de Federico García Lorca*, Barcelona 2016. Hasta la fecha la mejor y más exhaustiva biografía del poeta.)

El *Romancero gitano* es uno de los libros poéticos de la literatura universal más leído y analizado de todos los tiempos e indudablemente de mayor impacto en la literatura española. Todo él ha sido estudiado minuciosamente con lupa. Desde los misterios del mundo gitano y sus ancestros, hasta su espléndida simbología, la función de la métrica de sus versos y la investigación sobre la realidad de los personajes que aparecen: el cónsul inglés de *Preciosa y el aire, Soledad Montoya, Antoñito el Camborio*, las referencias religiosas a cultos primitivos como el de Mitra, el rico retablo cristiano o alusión al judaismo como el poema de *Thamar y Amnón*... Todo ha sido escudriñado (y lo continuará siendo) por una pléyade de eruditos tanto españoles como extranjeros.

"Poeta en Nueva York"

Lorca visitará Nueva York entre 1929 y 1930 intentando respirar un poco de aire fresco, harto de la dictadura de Primo de Rivera. Para ello, saldría de España por primera vez en su vida, vía París y Southampton en el verano de

1929 recién cumplidos los treinta y un años. Le acompañaba Fernando de los Ríos que una vez llegado a Estados Unidós, marcharía a Puerto Rico a impartir un curso de verano en la Universidad.

Lorca estaría nueve meses como estudiante de la Columbia University en la ciudad de los rascacielos. En marzo de 1930 saldría para La Habana con una estancia de tres meses en Cuba y finalmente regresaría a España tras poco más de un año de ausencia.

En *Poeta en Nueva York*, Lorca nos ofrece la visión dinámica de una ciudad cosmopolita, con movimiento de multitudes, sirenas de trasatlánticos, griteríos en el desembarcadero, panoramas ciegos, neoyorkinos y en medio del ambiente mecanizado la actuación del mundo negro, con su tristeza, con su "sangre estremecida dentro del eclipse oscuro" en las noches de Harlem. "Fuera del arte negro —nos dirá— no queda en los Estados Unidos más que mecánica y automatismo". El mundo neoyorkino le produjo una conmoción violenta. Comrpobó *in situ* las manifestaciones máximas del poder del dinero, la injusticia social, la deshumanización. "Un acento social se incorporó a su obra". Los poemas son gritos de dolor y de protesta. Su "corazón malherido" ha sintonizado con millones de corazones malheridos. Para ello nada mejor que la técnica surrealista, pero muy *sui generis*. Como la considerará él mismo: "Será una interpretación formal, abstracción impersonal sin lugar ni tiempo de aquella ciudad-mundo. Un símbolo patético. Sufrimiento. Pero del revés, sin dramatismo. Es una puesta en contacto de mi mundo poético con el mundo poético de Nueva York."

Visiones surrealistas neoyorkinas que nos recuerdan las acotaciones de John Dos Passos en *Manhattan Transfer* (1925) y los enfoques cinematográficos de la trilogía *U.S.A.*

Guillermo Díaz Plaja en *Federico García Lorca, su obra e influencia en la poesía española* (Madrid, 1961) habla del choque gigantesco de lo natural y lo mecanizado y del contraste entre la ciudad símbolo y la gran naturaleza norteamericana, entre Nueva York y la casita de madera de Vermont.

Los cuatro primeros poemas agrupados bajo el título *Poemas de la soledad en Columbia University* sólo nos muestran el estado de ánimo del poeta en las primeras semanas de su estancia. Era la primera vez que estaba fuera de los suyos y se enfrentaba a un mundo nuevo excitante pero lleno de incógnitas.

El *II y III grupo*, se adentra en la ciudad y sus misterios. Lorca encuentra una similitud, no sólo entre la música negra y el cante jondo, sino entre la situación social de los negros y los gitanos de Andalucía. Impresionante y sugestiva resulta la composición que titula: El rey de Harlem.

En los *Poemas del Lago de Eden Mills* cambia radicalmente de panorama: vuelve a su querido mundo rural: juega con "frágiles helechos mojados", paisajes de humedades y latidos, cielo vivo, brisas y barcos encallados.

En la cabaña del farmer retorna al drama con dos composiciones: *El niño Stantron* y *La niña ahogada en un pozo*, al que hay que añadir la *Vaca*.

Con el regreso a nueva York, nos enfrenta una vez más con los "montes de cemento", con el "Hudson borracho de aceite", con la ciudad de cinc, de alambres y, ¿cómo no? de *muerte* en una constante denuncia que nadie escucha. Y en Nueva York no olvida al *Cementerio judío* y a la *Crucifixión* llena de extrañas metáforas.

Se trata de un libro renovador. En los versos libres la metáfora campa a sus anchas. Los seres y las cosas pueden transformarse en otras intervalencias y plurivaalencias del cosmos. En él hallamos vivificaciones de objetos y formas de la naturaleza: "las monedas taladran y devoran abandonados niños"; "el agua del pozo respira con todos sus violines sin cuerdas". Está lleno de extrañas metáforas incomprensibles: "Las alegres fiebres huyeron a las maronas de los barcos / y el judío empujó la verja con el pudor helado del interior de la lechuga". metáforas dignas del pincel de su amigo Salvador Dalí. Las rupturas de sistemas y enumeraciones caóticas nos hace pensar en Walt Whitman a quien también dedica una *oda*.

El versículo y la imagen alucinante le sirven para expresar un mundo absurdo, para comunicar visiones de pesadilla, para descargar su cólera y su protesta.* Con esta obra Lorca amplió su mundo poético y renovó profundamente su lenguaje. De este modo, alcanzó una nueva cima.

Terminado poco antes de su muerte violenta, el libro quedó inédito y no fue publicado por primera vez hasta 1940 en México con un prólogo de José Bergamín.

FRANCESC LLUIS CARDONA

---

* Porque ya no hay quien reparta el pan ni el vino / ni quien cultive hierbas en la boca del muerto / ni quien abra los linos del reposo / ni quien llore por las heridas de los elefantes / No hay más que un millón de herreros / forjando cadenas para los niños que han de venir. / No hay más que un millón de carpinteros / que hacen ataúdes sin cruz.

LOS ENCUENTROS DE UN CARACOL AVENTURERO

Diciembre de 1918 (Granada)

A Ramón P. Roda.

Hay dulzura infantil
en la mañana quieta.
Los árboles extienden
sus brazos a la tierra.
Un vaho tembloroso
cubre las sementeras,
y las arañas tienden
sus caminos de seda
—rayas al cristal limpio
del aire—.

En la alameda
un manantial recita
su canto entre las hierbas.
Y el caracol, pacífico
burgués de la vereda,
ignorado y humilde,
el paisaje contempla.
La divina quietud
de la Naturaleza
le dio valor y fe,
y olvidando las penas

de su hogar, deseó
ver el fin de la senda.

Echó a andar e internose
en un bosque de yedras
y de ortigas. En medio
había dos ranas viejas
que tomaban el sol,
aburridas y enfermas.

"Esos cantos modernos
—murmuraba una de ellas—
son inútiles". "Todos,
amiga —le contesta
la otra rana, que estaba
herida y casi ciega—.
Cuando joven creía
que si al fin Dios oyera
nuestro canto, tendría
compasión. Y mi ciencia,
pues ya he vivido mucho,
hace que no lo crea.
Yo ya no canto más..."

Las dos ranas se quejan
pidiendo una limosna
a una ranita nueva
que pasa presumida
apartando las hierbas.

Ante el bosque sombrío
el caracol se aterra.

Quiere gritar. No puede.
Las ranas se le acercan.

"¿Es una mariposa?",
dice la casi ciega.
"Tiene dos cuernecitos
—la otra rana contesta—.
Es el caracol. ¿Vienes,
caracol, de otras tierras?"

"Vengo de mi casa y quiero
volverme muy pronto a ella".
"Es un bicho muy cobarde
—exclama la rana ciega—.
¿No cantas nunca?" "No canto",
dice el caracol. "¿Ni rezas?"
"Tampoco: nunca aprendí".
"¿Ni crees en la vida eterna?"
"¿Qué es eso?
"Pues vivir siempre
en el agua más serena,
junto a una tierra florida
que a un rico manjar sustenta".

"Cuando niño a mí me dijo
un día mi pobre abuela
que al morirme yo me iría
sobre las hojas más tiernas
de los árboles más altos".

"Una hereje era tu abuela.
La verdad te la decimos

nosotras. Creerás en ella",
dicen las ranas furiosas.

"¿Por qué quise ver la senda?
—gime el caracol—. Sí creo
por siempre en la vida eterna
que predicáis..."
Las ranas,
muy pensativas, se alejan.
y el caracol, asustado,
se va perdiendo en la selva.

Las dos ranas mendigas
como esfinges se quedan.
Una de ellas pregunta:
"¿Crees tú en la vida eterna?"
"Yo no", dice muy triste
la rana herida y ciega.
"¿Por qué hemos dicho, entonces,
al caracol que crea?"
"Por qué... No sé por qué
—dice la rana ciega—.
Me lleno de emoción
al sentir la firmeza
con que llaman mis hijos
a Dios desde la acequia..."

El pobre caracol
vuelve atrás. Ya en la senda
un silencio ondulado
mana de la alameda.
Con un grupo de hormigas

encarnadas se encuentra.
Van muy alborotadas,
arrastrando tras ellas
a otra hormiga que tiene
tronchadas las antenas.
El caracol exclama:
"Hormiguitas, paciencia.
¿Por qué así maltratáis
a vuestra compañera?
Contadme lo que ha hecho.
Yo juzgaré en conciencia.
Cuéntalo tú, hormiguita".

La hormiga, medio muerta,
dice muy tristemente:
"Yo he visto las estrellas."
"¿Qué son las estrellas?", dicen
las hormigas inquietas.
Y el caracol pregunta
pensativo: "¿Estrellas?"
"Sí —repite la hormiga—,
he visto las estrellas,
subí al árbol más alto
que tiene la alameda
y vi miles de ojos
dentro de mis tinieblas".
El caracol pregunta:
"¿Pero qué son las estrellas?"
"Son luces que llevamos
sobre nuestra cabeza".
"Nosotras no las vemos",
las hormigas comentan.

Y el caracol: "Mi vista
sólo alcanza a las hierbas."

Las hormigas exclaman
moviendo sus antenas:
"Te mataremos; eres
perezosa y perversa.
El trabajo es tu ley."

"Yo he visto a las estrellas",
dice la hormiga herida.
Y el caracol sentencia:
"Dejadla que se vaya.
seguid vuestras faenas.
Es fácil que muy pronto
ya rendida se muera".

Por el aire dulzón
ha cruzado una abeja.
La hormiga, agonizando,
huele la tarde inmensa,
y dice: "Es la que viene
a llevarme a una estrella".

Las demás hormiguitas
huyen al verla muerta.

El caracol suspira
y aturdido se aleja
lleno de confusión
por lo eterno. "La senda
no tiene fin —exclama—.

Acaso a las estrellas
se llegue por aquí.
Pero mi gran torpeza
me impedirá llegar.
No hay que pensar en ellas".

Todo estaba brumoso
de sol débil y niebla.
Campanarios lejanos
llaman gente a la iglesia,
y el caracol, pacífico
burgués de la vereda,
aturdido e inquieto,
el paisaje contempla.

CANCIÓN OTOÑAL

Noviembre de 1918 (Granada)

Hoy siento en el corazón
un vago temblor de estrellas,
pero mi senda se pierde
en el alma de la niebla.
La luz me troncha las alas
y el dolor de mi tristeza
va mojando los recuerdos
en la fuente de la idea.

Todas las rosas son blancas,
tan blancas como mi pena,
y no son las rosas blancas,
que ha nevado sobre ellas.
Antes tuvieron el iris.
También sobre el alma nieva.
La nieve del alma tiene
copos de besos y escenas
que se hundieron en la sombra
o en la luz del que las piensa.

La nieve cae de las rosas,
pero la del alma queda,
y la garra de los años
hace un sudario con ellas.

¿Se deshelará la nieve
cuando la muerte nos lleva?
¿O después habrá otra nieve
y otras rosas más perfectas?

¿Será la paz con nosotros
como Cristo nos enseña?
¿O nunca será posible
la solución del problema?

¿Y si el amor nos engaña?
¿Quién la vida nos alienta
si el crepúsculo nos hunde
en la verdadera ciencia
del Bien que quizá no exista,
y del Mal que late cerca?
¿Si la esperanza se apaga
y la Babel se comienza,
qué antorcha iluminará
los caminos en la Tierra?
¿Si el azul es un ensueño,
qué será de la inocencia?
¿Qué será del corazón
si el Amor no tiene flechas?

¿Si la muerte es la muerte,
qué será de los poetas
y de las cosas dormidas
que ya nadie las recuerda?
¡Oh sol de las esperanzas!
¡Agua clara! ¡Luna nueva!
¡Corazones de los niños!
¡Almas rudas de las piedras!
Hoy siento en el corazón
un vago temblor de estrellas
y todas las rosas son
tan blancas como mi pena.

BALADA TRISTE

Pequeño poema

Abril de 1918 (Granada)

¡Mi corazón es una mariposa,
niños buenos del prado!,
que presa por la araña gris del tiempo
tiene el polen fatal del desengaño.
De niño yo canté como vosotros,
niños buenos del prado,
solté mi gavilán con las temibles
cuatro uñas de gato.
Pasé por el jardín de Cartagena
la verbena invocando
y perdí la sortija de mi dicha
al pasar el arroyo imaginario.
Fui también caballero
una tarde fresquita de mayo.
Ella era entonces para mí el enigma,
estrella azul sobre mi pecho intacto.
Cabalgué lentamente hacia los cielos.
Era un domingo de pipirigallo.
Y vi que en vez de rosas y claveles
ella tronchaba lirios con sus manos.

Yo siempre fui intranquilo,
niños buenos del prado.
el ella del romance me sumía
en ensoñares claros:
¿quién será la que coge los claveles
y las rosas de mayo?
¿Y por qué la verán sólo los niños

a lomos de Pegaso?
¿Será esa misma la que en los rondones
con tristeza llamamos
estrella, suplicándole que salga
a danzar por el campo...?

En abril de mi infancia yo cantaba,
niños buenos del prado,
la ella impenetrable del romance
donde sale Pegaso.
Yo decía en las noches la tristeza
de mi amor ignorado,
y la luna lunera, ¡qué sonrisa
ponía entre sus labios!
¿Quién será la que corta los claveles
y las rosas de mayo?
Y de aquella chiquilla, tan bonita,
que su madre ha casado,
¿en qué oculto rincón de cementerio
dormirá su fracaso?

Yo solo con mi amor desconocido,
sin corazón, sin llantos,
hacia el techo imposible de los cielos
con un gran sol por báculo.

¡Qué tristeza tan seria me da sombra!
Niños buenos del prado,
cómo recuerda dulce corazón
los días ya lejanos...
¿Quién será la que corta los claveles
y las rosas de mayo?

MAÑANA

7 de Agosto de 1918 (Fuente Vaqueros, Granada)

A Fernando Marchesi

Y la canción del agua
es una cosa eterna.

Es la savia entrañable
que madura los campos.
Es sangre de poetas
que dejaron sus almas
perderse en los senderos
de la Naturaleza.
¡Qué armonías derrama
al brotar de la peña!
Se abandona a los hombres
con sus dulces cadencias.

La mañana está clara.
Los hogares humean,
y son los humos brazos
que levantan la niebla.

Escuchad los romances
del agua en las choperas.
¡Son pájaros sin alas
perdidos entre hierbas!
Los árboles que cantan
se tronchan y se secan.
Y se tornan llanuras
las montañas serenas.

Mas la canción del agua
es una cosa eterna.

Ella es luz hecha canto
de ilusiones románticas.
Ella es firme y suave,
llena de cielo y mansa.
Ella es niebla y es rosa
de 1a eterna mañana.
Miel de luna que fluye
de estrellas enterradas.
¿Qué es el santo bautismo,
sino Dios hecho agua
que nos unge las frentes
con su sangre de gracia?
Por algo Jesucristo
en ella confirmose.
Por algo las estrellas
en sus ondas descansan.
Por algo madre Venus
en su seno engendrose,
que amor de amor tomamos
cuando bebemos agua.
Es el amor que corre
todo manso y divino,
es la vida del mundo,
la historia de su alma.

Ella lleva secretos
de las bocas humanas,
pues todos la besamos
y la sed nos apaga.

Es un arca de besos
de bocas ya cerradas,
es eterna cautiva,
del corazón hermana.
Cristo debió decirnos:
"Confesaos con el agua,
de todos los dolores,
de todas las infamias.
¿A quién mejor, hermanos,
entregar nuestras ansias
que a ella que sube al cielo
en envolturas blancas?"

No hay estado perfecto
como al tomar el agua,
nos volvemos más niños
y más buenos: y pasan
nuestras penas vestidas
con rosadas guirnaldas.
Y los ojos se pierden
en regiones doradas.
¡Oh fortuna divina
por ninguno ignorada!
Agua dulce en que tantos
sus espíritus lavan,
no hay nada comparable
con tus orillas santas
si una tristeza honda
nos ha dado sus alas.

LA SOMBRA DE MI ALMA

Diciembre de 1919 (Madrid)

La sombra de mi alma
huye por un ocaso de alfabetos,
niebla de libros
y palabras.

¡La sombra de mi alma!
He llegado a la línea donde cesa
la nostalgia,
y la gota de llanto se transforma
alabastro de espíritu.
(¡La sombra de mi alma!)

El copo del dolor
se acaba,
pero queda la razón y la sustancia
de mi viejo mediodía de labios,
de mi viejo mediodía
de miradas.

Un turbio laberinto
de estrellas ahumadas
enreda mi ilusión
casi marchita.
¡La sombra de mi alma!

Y una alucinación
me ordeña las miradas.
Veo la palabra amor
desmoronada.

¡Ruiseñor mío!
¡Ruiseñor!
¿Aún cantas?

LLUVIA

Enero de 1919 (Granada)

La lluvia tiene un vago secreto de ternura,
algo de soñolencia resignada y amable,
una música humilde se despierta con ella
que hace vibrar el alma dormida del paisaje.

Es un besar azul que recibe la Tierra,
el mito primitivo que vuelve a realizarse.
El contacto ya frío de cielo y tierra viejos
con una mansedumbre de atardecer constante.

Es la aurora del fruto. La que nos trae las flores
y nos unge de espíritu santo de los mares.
La que derrama vida sobre las sementeras
y en el alma tristeza de lo que no se sabe.

La nostalgia terrible de una vida perdida,
el fatal sentimiento de haber nacido tarde,
o la ilusión inquieta de un mañana imposible
con la inquietud cercana del color de la carne.
El amor se despierta en el gris de su ritmo,
nuestro cielo interior tiene un triunfo de sangre,
pero nuestro optimismo se convierte en tristeza
al contemplar las gotas muertas en los cristales.

Y son las gotas: ojos de infinito que miran
al infinito blanco que les sirvió de madre.

Cada gota de lluvia tiembla en el cristal turbio
y le dejan divinas heridas de diamante.

Son poetas del agua que han visto y que meditan
lo que la muchedumbre de los ríos no sabe.

¡Oh lluvia silenciosa, sin tormentas ni vientos,
lluvia mansa y serena de esquila y luz suave,
lluvia buena y pacifica que eres la verdadera,
la que llorosa y triste sobre las cosas caes!

¡Oh lluvia franciscana que llevas a tus gotas
almas de fuentes claras y humildes manantiales!
Cuando sobre los campos desciendes lentamente
las rosas de mi pecho con tus sonidos abres.

El canto primitivo que dices al silencio
y la historia sonora que cuentas al ramaje
los comenta llorando mi corazón desierto
en un negro y profundo pentágrama sin clave.

Mi alma tiene tristeza de la lluvia serena,
tristeza resignada de cosa irrealizable,
tengo en el horizonte un lucero encendido
y el corazón me impide que corra a contemplarle.

¡Oh lluvia silenciosa que los árboles aman
y eres sobre el piano dulzura emocionante;
das al alma las mismas nieblas y resonancias
que pones en el alma dormida del paisaje!

SI MIS MANOS PUDIERAN DESHOJAR

10 de Noviembre de 1919 (Granada)

Yo pronuncio tu nombre
en las noches oscuras,
cuando vienen los astros
a beber en la luna
y duermen los ramajes
de las frondas ocultas.
Y yo me siento hueco
de pasión y de música.
Loco reloj que canta
muertas horas antiguas.

Yo pronuncio tu nombre,
en esta noche oscura,
y tu nombre me suena
más lejano que nunca.
Más lejano que todas las estrellas
y más doliente que la mansa lluvia.

¿Te querré como entonces
alguna vez? ¿Qué culpa
tiene mi corazón?
Si la niebla se esfuma,
¿qué otra pasión me espera?
¿Será tranquila y pura?
¡Si mis dedos pudieran
deshojar a la luna!

ELEGÍA

Diciembre de 1918 (Granada)

Como un incensario lleno de deseos,
pasas en la tarde luminosa y clara
con la carne oscura de nardo marchito
y el sexo potente sobre tu mirada.

Llevas en la boca tu melancolía
de pureza muerta, y en la dionisíaca
copa de tu vientre la araña que teje
el velo infecundo que cubre la entraña
nunca florecida con las vivas rosas
fruto de los besos.

En tus manos blancas
llevas la madeja de tus ilusiones,
muertas para siempre, y sobre tu alma
la pasión hambrienta de besos de fuego
y tu amor de madre que sueña lejanas
visiones de cunas en ambientes quietos,
hilando en los labios lo azul de la nana.

Como Ceres dieras tus espigas de oro
si el amor dormido tu cuerpo tocara,
y como la virgen María pudieras brotar
de tus senos otra vía láctea.

Te marchitarás como la magnolia.
Nadie besará tus muslos de brasa.
Ni a tu cabellera llegarán los dedos
que la pulsen como las cuerdas de un arpa.

¡Oh mujer potente de ébano y de nardo!
cuyo aliento tiene blancor de biznagas.
Venus del mantón de Manila que sabe
del vino de Málaga y de la guitarra.
¡Oh cisne moreno! cuyo lago tiene
lotos de saetas, olas de naranjas
y espumas de rojos claveles que aroman
los niños marchitos que hay bajo sus alas.

Nadie te fecunda. Mártir andaluza,
tus besos debieron ser bajo una parra
plenos del silencio que tiene la noche
y del ritmo turbio del agua estancada.

Pero tus ojeras se van agrandando
y tu pelo negro va siendo de plata;
tus senos resbalan escanciando aromas
y empieza a curvarse tu espléndida espalda.

¡Oh mujer esbelta, maternal y ardiente!
Virgen dolorosa que tiene clavadas
todas las estrellas del cielo profundo
en su corazón ya sin esperanza.
Eres el espejo de una Andalucía
que sufre pasiones gigantes y calla,
pasiones mecidas por los abanicos
y por las mantillas sobre las gargantas
que tienen temblores de sangre, de nieve,
y arañazos rojos hechos por miradas.

Te vas por la niebla del otoño, virgen
como Inés, Cecilia, y la dulce Clara,

siendo una bacante que hubiera danzado
de pámpanos verdes y vid coronada.

La tristeza inmensa que flota en tus ojos
nos dice tu vida rota y fracasada,
la monotonía de tu ambiente pobre
viendo pasar gente desde tu ventana,
oyendo la lluvia sobre la amargura
que tiene la vieja calle provinciana,
mientras que a lo lejos suenan los clamores
turbios y confusos de unas campanadas.

Mas en vano escuchaste los acentos del aire.
Nunca llegó a tus oídos la dulce serenata.
Detrás de tus cristales aún miras anhelante.
¡Qué tristeza tan honda tendrás dentro del alma
al sentir en el pecho ya cansado y exhausto
la pasión de una niña recién enamorada!

Tu cuerpo irá a la tumba
intacto de emociones.
Sobre la oscura tierra
brotará una alborada.
De tus ojos saldrán dos claveles sangrientos
y de tus senos, rosas como la nieve blancas.
Pero tu gran tristeza se irá con las estrellas,
como otra estrella digna de herirlas y eclipsarlas.

MADRIGAL DE VERANO

Agosto de 1920 (Vega de Zujaira)

Junta tu roja boca con la mía,
¡oh Estrella la gitana!
Bajo el oro solar del mediodía
morderá la manzana.

En el verde olivar de la colina
hay una torre mora,
del color de tu carne campesina
que sabe a miel y aurora.

Me ofreces en tu cuerpo requemado
el divino alimento
que da flores al cauce sosegado
y luceros al viento.

¿Cómo a mí te entregaste, luz morena?
¿Por qué me diste llenos
de amor tu sexo de azucena
y el rumor de tus senos?

¿No fue por mi figura entristecida?
(¡Oh mis torpes andares!)
¿Te dio lástima acaso de mi vida,
marchita de cantares?

¿Cómo no has preferido a mis lamentos
los muslos sudorosos
de un San Cristóbal campesino, lentos
en el amor y hermosos?

Danaide del placer eres conmigo.
Femenino Silvano.
Huelen tus besos como huele el trigo
reseco del verano.

Entúrbiame los ojos con tu canto.
Deja tu cabellera
extendida y solemne como un manto
de sombra en la pradera.

Píntame con tu boca ensangrentada
un cielo del amor,
en un fondo de carne la morada
estrella de dolor.

Mi pegaso andaluz está cautivo
de tus ojos abiertos;
volará desolado y pensativo
cuando los vea muertos.

Y aunque no me quisieras te querría
por tu mirar sombrío,
como quiere la alondra al nuevo día,
sólo por el rocío.

Junta tu roja boca con la mía,
¡oh Estrella la gitana!
Déjame bajo el claro mediodía
consumir la manzana.

CANTOS NUEVOS

Agosto de l920 (Vega de Zujaira)

Dice la tarde: "¡Tengo sed de sombra!"
Dice la luna: "¡Yo, sed de luceros!"
La fuente cristalina pide labios
y suspira el viento.
Yo tengo sed de aromas y de risas,
sed de cantares nuevos
sin lunas y sin lirios,
y sin amores muertos.
Un cantar de mañana que estremezca
a los remansos quietos
del porvenir. Y llene de esperanza
sus ondas y sus cienos.

Un cantar luminoso y reposado
pleno de pensamiento,
virginal de tristeza y de angustias
y virginal de ensueños.

Cantar sin carne lírica que llene
de risas el silencio
(una bandada de palomas ciegas
lanzadas al misterio).

Cantar que vaya al alma de las cosas
y al alma de los vientos
y que descanse al fin en la alegría
del corazón eterno.

ALBA

Abril de 1915 (Granada)

Mi corazón oprimido
siente junto a la alborada
el dolor de sus amores
y el sueño de las distancias.
La luz de la aurora lleva
semillero de nostalgias
y la tristeza sin ojos
de la médula del alma.
La gran tumba de la noche
su negro velo levanta
para ocultar con el día
la inmensa cumbre estrellada.
¡Qué haré yo sobre estos campos
cogiendo nidos y ramas,
rodeado de la aurora
y llena de noche el alma!
¡Qué haré si tienes tus ojos
muertos a las luces claras
y no ha de sentir mi carne
el calor de tus miradas!

¿Por qué te perdí por siempre
en aquella tarde clara?
Hoy mi pecho está reseco
como una estrella apagada.

BALADA DE UN DÍA DE JULIO

Julio de 1919

Esquilones de plata
llevan los bueyes.

—¿Dónde vas, niña mía,
de sol y nieve?

—Voy a las margaritas
del prado verde.

—El prado está muy lejos
y miedo tienes.

—Al airón y a la sombra
mi amor no teme.

—Teme al sol, niña mía,
de sol y nieve.

—Se fue de mis cabellos
ya para siempre.

—¿Quién eres, blanca niña?
¿De dónde vienes?

—Vengo de los amores
y de las fuentes.

Esquilones de plata
llevan los bueyes.

—¿Qué llevas en la boca
que se te enciende?

—La estrella de mi amante
que vive y muere.

—¿Qué llevas en el pecho,
tan fino y leve?

—La espada de mi amante
que vive y muere.

—¿Qué llevas en los ojos,
negro y solemne?

—Mi pensamiento triste
que siempre hiere.

—¿Por qué llevas un manto
negro de muerte?

—¡Ay, yo soy la viudita,
triste y sin bienes,
del conde del Laurel
de los Laureles!

—¿A quién buscas aquí,
si a nadie quieres?

—Busco el cuerpo del conde
de los Laureles.

—¿Tú buscas el amor,
viudita aleve?
Tú buscas un amor
que ojalá encuentres.

—Estrellitas del cielo
son mis quereres,
¿dónde hallaré a mi amante
que vive y muere?
—Está muerto en el agua,
niña de nieve,
cubierto de nostalgias
y de claveles.

—¡Ay!, caballero errante
de los cipreses,
una noche de luna
mi alma te ofrece.

—¡Ah Isis soñadora.
Niña sin mieles,
la que en boca de niños
su cuento vierte.
Mi corazón te ofrezco.
Corazón tenue,
herido por los ojos
de las mujeres.

—Caballero galante,
con Dios te quedes.
Voy a buscar al conde
de los Laureles.

—Adiós, mi doncellita,
rosa durmiente,
tú vas para el amor
y yo a la muerte.
Esquilones de plata
llevan los bueyes.

Mi corazón desangra
como una fuente.

SUEÑO

Mayo de 1919

Mi corazón reposa junto a la fuente fría.
(Llénala con tus hilos, araña del olvido.)

El agua de la fuente su canción le decía.
(Llénala con tus hilos, araña del olvido.)

Mi corazón despierto sus amores decía.
(Araña del silencio, téjele tu misterio)

El agua de la fuente lo escuchaba sombría.
(Araña del silencio, téjele tu misterio.)

Mi corazón se vuelca sobre la fuente fría.
(Manos blancas, lejanas, detened a las aguas.)

Y el agua se lo lleva cantando de alegría.
(¡Manos blancas, lejanas, nada queda en las aguas!)

PAISAJE

Junio de 1920

Las estrellas apagadas
llenan de ceniza el río
verdoso y frío.
La fuente no tiene trenzas.
Ya se han quemado los nidos
escondidos.
Las ranas hacen del cauce
una siringa encantada,
desafinada.

Sale del monte la luna,
con su cara bonachona
de jamona.
Una estrella le hace burla
desde su casa de añil
infantil.

El débil color rosado
hace cursi el horizonte
del monte.

Y observo que el laurel tiene
cansancio de ser poético
y profético.

Como la hemos visto siempre
el agua se va durmiendo,
sonriyendo.

Todo llora por costumbre,
todo el campo se lamenta
sin darse cuenta.

Yo, por no desafinar,
digo por educación:
"¡Mi corazón!"
Pero una grave tristeza
tiñe mis labios manchados
de pecados.

Yo voy lejos del paisaje.
Hay en mi pecho una hondura
de sepultura.

Un murciélago me avisa
que el sol se esconde doliente
en el poniente.

¡Pater noster por mi amor!
(Llanto de las alamedas
y arboledas.)

En el carbón de la tarde
miro mis ojos lejanos,
cual milanos.

Y despeino mi alma muerta
con arañas de miradas
olvidadas.

Ya es de noche y las estrellas
clavan puñales al río
verdoso y frío.

CORAZÓN NUEVO

Junio de 1918 (Granada)

Mi corazón, como una sierpe,
se ha desprendido de su piel,
y aquí la miro entre mis dedos
llena de heridas y de miel.

Los pensamiento que anidaron
en tus arrugas, ¿dónde están?
¿Dónde las rosas que aromaron
a Jesucristo y a Satán?

¡Pobre envoltura que ha oprimido
a mi fantástico lucero!
Gris pergamino dolorido
de lo que quise y ya no quiero.

Yo veo en ti fetos de ciencias,
momias de versos y esqueletos
de mis antiguas inocencias
y mis románticos secretos.

¿Te colgaré sobre los muros
de mi museo sentimental,
junto a los gélidos y oscuros
lirios durmientes de mi mal?

¿O te pondré sobre los pinos,
libro doliente de mi amor,
para que sepas de los trinos
que da a la aurora el ruiseñor?

SE HA PUESTO EL SOL

Agosto de 1920

Se ha puesto el sol. Los árboles
meditan como estatuas.
Ya está el trigo segado.
¡Qué tristeza
de las norias paradas!

Un perro campesino
quiere comerse a Venus y le ladra.
Brilla sobre su campo de pre-beso,
como una gran manzana.

Los mosquitos, Pegasos del rocío,
vuelan, el aire en calma.
La Penélope inmensa de la luz
teje una noche clara.

"¡Hijas mías, dormid, que viene el lobo",
las ovejitas balan.
"¿Ha llegado el otoño, compañeras?"
dice una flor ajada.

¡Ya vendrán los pastores con sus nidos
por la sierra lejana!
Ya jugarán los niños en la puerta
de la vieja posada,
y habrá coplas de amor
que ya se saben
de memoria las casas.

MADRIGAL

Octubre de 1920 (Madrid)

Mi beso era una granada,
profunda y abierta;
tu boca era rosa
de papel.

El fondo un campo de nieve.

Mis manos eran hierros
para los yunques;
tu cuerpo era el ocaso
de una campanada.

El fondo un campo de nieve.

En la agujereada
calavera azul
hicieron estalactitas
mis te quiero.

El fondo un campo de nieve.

Llenáronse de moho
mis sueños infantiles,
y taladró a la luna
mi dolor salomónico.
El fondo un campo de nieve.

Ahora maestro grave
a la alta escuela,

y mi amor y a mis sueños
(caballito sin ojos).

Y el fondo es un campo de nieve.

TARDE

Noviembre de 1919

Tarde lluviosa en gris cansado,
y sigue el caminar.
Los árboles marchitos.
Mi cuarto, solitario.
Y los retratos viejos
y el libro sin cortar...

Chorrea la tristeza por los muebles
y por el alma.

Quizá
no tenga para mí Naturaleza
el pecho de cristal.

Y me duele la carne del corazón
y la carne del alma.
Y al hablar,
se quedan mis palabras en el aire
como corchos sobre agua.

Sólo por tus ojos
sufro yo este mal,
tristezas de antaño
y las que vendrán.

Tarde lluviosa en gris cansado,
y sigue el caminar.

HAY ALMAS QUE TIENEN...

8 de Febrero de 1920

Hay almas que tienen
azules luceros,
mañanas marchitas
entre hojas del tiempo,
y castos rincones
que guardan un viejo
rumor de nostalgias
y sueños.

Otras almas tienen
dolientes espectros
de pasiones. Frutas
con gusanos. Ecos
de una voz quemada
que viene de lejos
como una corriente
de sombra. Recuerdos
vacíos de llanto
y migajas de besos.

Mi alma está madura
hace mucho tiempo,
y se desmorona
turbia de misterio.
Piedras juveniles
roídas de ensueño
caen sobre las aguas
de mis pensamientos.

Cada piedra dice:
“¡Dios está muy lejos!”

BALADA INTERIOR
16 de Julio de 1920 (Vega de Zujaira)

A Gabriel.

El corazón
que tenía en la escuela
donde estuvo pintada
la cartilla primera,
¿está en ti,
noche negra?

(Frío, frío,
como el agua
del río)

El primer beso
que supo a beso y fue
para mis labios niños
como la lluvia fresca,
¿está en ti,
noche negra?

(Frío, frío,
como el agua
del río)
Mi primer verso.
La niña de las trenzas
que miraba de frente,
¿está en ti,
noche negra?
(Frío, frío,

como el agua
del río.)

Pero mi corazón
roído de culebras,
el que estuvo colgado
del árbol de la ciencia,
¿está en ti,
noche negra?

(Caliente, caliente,
como el agua
de la fuente.)

Mi amor errante,
castillo sin firmeza,
de sombras enmohecidas,
¿está en ti.,
noche negra?

(Caliente, caliente,
como el agua
de la fuente.)

¡Oh gran dolor!
Admites en tu cueva
nada más que la sombra.
¿Es cierto,
noche negra?
(Caliente, caliente,
como el agua
de la fuente.)

¡Oh corazón perdido!
¡Requiem aeternam!

EL LAGARTO VIEJO

26 de Julio de 1920 (Vega de Zujaira)

En la agostada senda
he visto al buen lagarto
(gota de cocodrilo)
meditando.
Con su verde levita
de abate del diablo,
su talante correcto
y su cuello planchado,
tiene un aire muy triste
de viejo catedrático.
¡Esos ojos marchitos
de artista fracasado,
cómo miran la tarde
desmayada!

¿Es éste su paseo
crepuscular, amigo?
Usad bastón, ya estáis
muy viejo. Don Lagarto,
y los niños del pueblo
pueden daros un susto.
¿Qué buscáis en la senda,
filósofo cegato,
si el fantasma indeciso
de la tarde agosteña
ha roto el horizonte?
¿Buscáis el azul limosna
del cielo moribundo?
¿Un céntimo de estrella?

¿O acaso
estudiasteis un libro
de Lamartine, y os gustan
los trinos platerescos
de los pájaros?
(Miras al sol poniente,
y tus ojos relucen,
¡oh dragón de las ranas!
con un fulgor humano.
Las góndolas sin remos
de las ideas, cruzan
el agua tenebrosa
de tus iris quemados.)

¿Venís quizá en la busca
de la bella lagarta,
verde como los trigos
de mayo,
como las cabelleras
de las fuentes dormidas,
que os despreciaba, y luego
se fue de vuestro campo?
¡Oh dulce idilio roto
sobre la fresca juncia!
¡Pero vivir!, ¡qué diantre!
me habéis sido simpático.
El lema de "me opongo
a la serpiente" triunfa
en esa gran papada
de arzobispo cristiano.

Ya se ha disuelto el sol
en la copa del monte,
y enturbian el camino
los rebaños.
Es hora de marcharse,
dejad la angosta senda
y no continuéis
meditando.
Que lugar tendréis luego
de mirar las estrellas
cuando os coman sin prisa
los gusanos.
¡Volved a vuestra casa
bajo el pueblo de grillos!
¡Buenas noches, amigo
Don Lagarto!

Ya está el campo sin gente,
los montes apagados
y el camino desierto;
sólo de cuando en cuando
canta un cuco en la umbría
de los álamos.

PATIO HÚMEDO
1920

Las arañas
iban por los laureles.

La casualidad
se va tornando en nieve,
y los años dormidos
ya se atreven
a clavar los telares
del siempre.
La quietud hecha esfinge
se ríe de la Muerte
que canta melancólica
en un grupo
de lejanos cipreses.

La yedra de las gotas
tapiza las paredes
empapadas de arcaicos
misereres.

¡Oh torre vieja! Llora
tus lágrimas mudéjares
sobre este grave patio
que no tiene fuente.

Las arañas
iban por los laureles.

BALADA DE LA PLACETA

1919

Cantan los niños
en la noche quieta;
¡arroyo claro,
fuente serena!

Los niños:
¿Qué tiene tu divino
corazón en fiesta?

Yo:
Un doblar de campanas
perdidas en la niebla.
Los niños

Ya nos dejas cantando
en la plazuela.
¡Arroyo claro,
fuente serena!

¿Qué tienes en tus manos
de primavera?

Yo:
Una rosa de sangre
y una azucena.
Los niños:
Mójalas en el agua
de la canción añeja.
¡Arroyo claro,

fuente serena!

¿Qué sientes en tu boca
roja y sedienta?

Yo:
El sabor de los huesos
de mi gran calavera.

Los niños:
Bebe el agua tranquila
de la canción añeja.
¡Arroyo claro,
fuente serena!

¿Por qué te vas tan lejos
de la plazuela?

Yo:
¡Voy en busca de magos
y de princesas!

Los niños:
¿Quién te enseñó el camino
de los poetas?

Yo:
La fuente y el arroyo
de la canción añeja.

Los niños:
¿Te vas lejos, muy lejos

del mar y de la tierra?
Yo:
Se ha llenado de luces
mi corazón de seda,
de campanas perdidas,
de lirios y de abejas,
y yo me iré muy lejos,
más allá de esas sierras,
más allá de los mares,
cerca de las estrellas,
para pedirle a Cristo
Señor que me devuelva
mi alma antigua de niño,
madura de leyendas,
con el gorro de plumas
y el sable de madera.

Los niños:
Ya nos dejas cantando
en la plazuela,
¡arroyo claro,
fuente serena!

Las pupilas enormes
de las frondas resecas
heridas por el viento,
lloran las hojas muertas.

HORA DE ESTRELLAS
1920

El silencio redondo de la noche
sobre el pentagrama
del infinito.

Yo me salgo desnudo a la calle,
maduro de versos
perdidos.
Lo negro, acribillado
por el canto del grillo,
tiene ese fuego fatuo,
muerto,
del sonido.
Esa luz musical
que percibe
el espíritu.

Los esqueletos de mil mariposas
duermen en mi recinto.

Hay una juventud de brisas locas
sobre el río.

El camino

No conseguirá nunca
tu lanza
herir el horizonte.
La montaña

es un escudo
que lo guarda.

No sueñes con la sangre de la luna
y descansa.
Pero deja, camino,
que mis plantas
exploren la caricia
de la rociada.

¡Quiromántico enorme!
¿Conocerás las almas
por el débil tatuaje
que olvidan en tu espalda?
Si eres Flammarión
de las pisadas,
¡cómo debes amar
a los asnos que pasan
acariciando con ternura humilde
tu carne desgarrada!
Ellos solos meditan dónde puede
llegar tu enorme lanza.
Ellos solos, que son
los Budas de la Fauna,
cuando viejos y heridos deletrean
tu libro sin palabras.

¡Cuánta melancolía
tienes entre las casas
del poblado!
¡Qué clara
es tu virtud! Aguantas

cuatro carros dormidos,
dos acacias,
y un pozo del antaño
que no tiene agua.
Dando vueltas al mundo,
no encontrarás posada.
No tendrás camposanto
ni mortaja,
ni el aire del amor renovará
tu sustancia.

Pero sal de los campos
y en la negra distancia
de lo eterno, si tallas
la sombra con tu lima
blanca, ¡oh camino!
¡pasarás por el puente
de Santa Clara!

EL CONCIERTO INTERRUMPIDO

1920

A Adolfo Salazar

Ha roto la armonía
de la noche profunda
el calderón helado y soñoliento
de la media luna.

Las acequias protestan sordamente
arropadas con juncias,
y las ranas, muecines de la sombra,
se han quedado mudas.
En la vieja taberna del poblado
cesó la triste música,
y ha puesto la sordina a su aristón
la estrella más antigua.

El viento se ha sentado en los torcales
de la montaña oscura,
y un chopo solitario —el Pitágoras
de la casta llanura—
quiere dar con su mano centenaria
un cachete a la luna.

CANCIÓN ORIENTAL
1920

Es la granada olorosa
un cielo cristalizado.
(Cada grano es una estrella,
cada velo es un ocaso.)
Cielo seco y comprimido
por la garra de los años.

La granada es como un seno
viejo y apergaminado,
cuyo pezón se hizo estrella
para iluminar el campo.

Es colmena diminuta
con panal ensangrentado,
pues con bocas de mujeres
sus abejas la formaron.
Por eso al estallar, ríe
con púrpuras de mil labios...

La granada es corazón
que late sobre el sembrado,
un corazón desdeñoso
donde no pican los pájaros,
un corazón que por fuera
es duro como el humano,
pero da al que lo traspasa
olor y sangre de mayo.
La granada es el tesoro
del viejo gnomo del prado,

el que habló con niña Rosa
en el bosque solitario.
Aquel de la blanca barba
y del traje colorado.
Es el tesoro que aun guardan
las verdes hojas del árbol.
Arca de piedras preciosas
en entraña de oro vago.

La espiga es el pan. Es Cristo
en vida y muerte cuajado.

El olivo es la firmeza
de la fuerza y el trabajo.

La manzana es lo carnal,
fruta esfinge del pecado,
gota de siglos que guarda
de Satanás el contacto.

La naranja es la tristeza
del azahar profanado,
pues se torna fuego y oro
lo que antes fue puro y blanco.

Las vides son la lujuria
que se cuaja en el verano,
de las que la iglesia saca,
con bendición, licor santo.

Las castañas son la paz
del hogar. Cosas de antaño.

Crepitar de leños viejos,
peregrinos descarriados.
La bellota es la serena
poesía de lo rancio,
y el membrillo de oro débil
la limpieza de lo sano.

Mas la granada es la sangre,
sangre del cielo sagrado,
sangre de la tierra herida
por la aguja del regato.
Sangre del viento que viene
del rudo monte arañado.
Sangre de la mar tranquila,
sangre del dormido lago.
La granada es la prehistoria
de la sangre que llevamos,
la idea de sangre, encerrada
en glóbulo duro y agrio,
que tiene una vaga forma
de corazón y de cráneo.

¡Oh granada abierta!, que eres
una llama sobre el árbol,
hermana en carne de Venus,
risa del huerto oreado.
Te cercan las mariposas
creyéndote sol parado,
y por miedo de quemarse
huyen de ti los gusanos.

Porque eres luz de la vida,

hembra de las frutas. Claro
lucero de la floresta
del arroyo enamorado.

¡Quién fuera como tú, fruta,
todo pasión sobre el campo!

ESPIGAS

Junio de 1919

El trigal se ha entregado a la muerte.
Ya las hoces cortan las espigas.
Cabecean los chopos hablando
con el alma sutil de la brisa.

El trigal sólo quiere silencio.
Se cuajó con el sol, y suspira
por el amplio elemento en que moran
los ensueños despiertos.
El día.
ya maduro de luz y sonido,
por los montes azules declina.

¿Qué misterioso pensamiento
conmueve a las espigas?
¿Qué ritmo de tristeza soñadora
los trigales agita...?

¡Parecen las espigas viejos pájaros
que no pueden volar!
Son cabecitas,
que tienen el cerebro de oro puro
y expresiones tranquilas.

Todas piensan lo mismo,
todas llevan
un secreto profundo que meditan.
Arrancan a la tierra su oro vivo
y cual dulces abejas del sol, liban

el rayo abrasador con que se visten
para formar el alma de la harina.

¡Oh, qué alegre tristeza me causáis,
dulcísimas espigas!
Venís de las edades más profundas,
cantasteis en la Biblia,
y tocáis cuando os rozan los silencios
un concierto de liras.

Brotáis para alimento de los hombres.
¡Pero mirad las blancas margaritas
y los lirios que nacen porque sí!
¡Momias de oro sobre las campiñas!
La flor silvestre nace para el sueño
y vosotras nacéis para la vida.

MANANTIAL

Fragmento

1919

La sombra se ha dormido en la pradera.
Los manantiales cantan.

Frente al ancho crepúsculo de invierno
mi corazón soñaba.
¿Quién pudiera entender los manantiales,
el secreto del agua
recién nacida, ese cantar oculto
a todas las miradas
del espíritu, dulce melodía
más allá de las almas...?

Luchando bajo el peso de la sombra,
un manantial cantaba.
Yo me acerqué para escuchar su canto,
pero mi corazón no entiende nada.

Era un brotar de estrellas invisibles
sobre la hierba casta,
nacimiento del Verbo de la tierra
por un sexo sin mancha.

Mi chopo centenario de la vega
sus hojas meneaba,
y eran hojas trémulas de ocaso
como estrellas de plata.

El resumen de un cielo de verano
era el gran chopo.
Mansas
y turbias de penumbra yo sentía
las canciones del agua.

¿Qué alfabeto de auroras ha compuesto
sus oscuras palabras?
¿Qué labios las pronuncian? ¿Y qué dicen
a la estrella lejana?
¡Mi corazón es malo, Señor! Siento en mi carne
la implacable brasa
del pecado. Mis mares interiores
se quedaron sin playas.
Tu faro se apagó. ¡Ya los alumbra
mi corazón de llamas!
Pero el negro secreto de la noche
y el secreto del agua
¿son misterios tan sólo para el ojo
de la conciencia humana?
¿La niebla del misterio no estremece
e1 árbol, el insecto y la montaña?
¿El terror de las sombras no lo sienten
las piedras y las plantas?
¿Es sonido tan sólo esta voz mía?
¿Y el casto manantial no dice nada?

Mas yo siento en el agua
algo que me estremece..., como un aire
que agita los ramajes de mi alma.

¡Sé árbol!

(Dijo una voz en la distancia.)
Y hubo un torrente de luceros
sobre el cielo sin mancha.

Yo me incrusté en el chopo centenario
con tristeza y con ansia.
Cual Dafne varonil que huye miedosa
de un Apolo de sombra y de nostalgia.
Mi espíritu fundiose con las hojas
y fue mi sangre savia.
En untuosa resina convirtiose
la fuente de mis lágrimas
El corazón se fue con las raíces,
y mi pasión humana,
haciendo heridas en la ruda carne,
fugaz me abandonaba.

Frente al ancho crepúsculo de invierno
yo torcía las ramas
gozando de los ritmos ignorados
entre la brisa helada.

Sentí sobre mis brazos dulces nidos,
acariciar de alas,
y sentí mil abejas campesinas
que en mis dedos zumbaban.
¡Tenía una colmena de oro vivo
en las viejas entrañas!
El paisaje y la tierra se perdieron,
sólo el cielo quedaba,
y escuché el débil ruido de los astros
y el respirar de las montañas.

¿No podrán comprender mis dulces hojas
el secreto del agua?
¿Llegarán mis raíces a los reinos
donde nace y se cuaja?
Incliné mis ramajes hacia el cielo
que las ondas copiaban,
mojé las hojas en el cristalino
diamante azul que canta,
y sentí borbotar los manantiales
como de humano yo los escuchara
Era el mismo fluir lleno de música
y de ciencia ignorada.

Al levantar mis brazos gigantescos
frente al azul, estaba
lleno de niebla espesa, de rocío
y de luz marchitada.
Tuve la gran tristeza vegetal,
el amor a las alas.
Para poder lanzarse con los vientos
a las estrellas blancas.
Pero mi corazón en las raíces
triste me murmuraba:
"Si no comprendes a los manantiales,
¡muere y troncha tus ramas"!

¡Señor, arráncame del suelo! ¡Dame oídos
que entiendan a las aguas!
Dame una voz que por amor arranque
su secreto a las ondas encantadas,
para encender su faro sólo pido
aceite de palabras.

“¡Sé ruiseñor!”, dice una voz perdida
en la muerta distancia,
y un torrente de cálidos luceros
brotó del seno que la noche guarda.

ROMANCE DE LA LUNA, LUNA

A Conchita García Lorca

La luna vino a la fragua
con su polisón de nardos.
El niño la mira, mira.
El niño la está mirando.
En el aire conmovido
mueve la luna sus brazos
y enseña, lúbrica y pura,
sus senos de duro estaño.
Huye luna, luna, luna.
Si vinieran los gitanos,
harían con tu corazón
collares y anillos blancos.
Niño, déjame que baile.
Cuando vengan los gitanos,
te encontrarán sobre el yunque
con los ojillos cerrados.
Huye luna, luna, luna,
que ya siento sus caballos.
Niño, déjame, no pises
mi blancor almidonado.
El jinete se acercaba
tocando el tambor del llano.
Dentro de la fragua el niño
tiene los ojos cerrados.

Por el olivar venían,

bronce y sueño, los gitanos.
Las cabezas levantadas
y los ojos entornados.

Cómo canta la zumaya,
¡ay, cómo canta en el árbol!
Por el cielo va la luna
con un niño de la mano.
Dentro de la fragua lloran,
dando gritos, los gitanos.
El aire la vela, vela.
El aire la está velando.

PRECIOSA Y EL AIRE

A Dámaso Alonso

Su luna de pergamino
Preciosa tocando viene
por un anfibio sendero
de cristales y laureles.
El silencio sin estrellas,
huyendo del sonsonete,
cae donde el mar bate y canta
su noche llena de peces.
En los picos de la sierra
los carabineros duermen
guardando las blancas torres
donde viven los ingleses.
Y los gitanos del agua
levantan por distraerse
glorietas de caracoles
y ramas de pino verde.

Su luna de pergamino
Preciosa tocando viene.
Al verla se ha levantado
el viento que nunca duerme.
San Cristobalón desnudo,
lleno de lenguas celestes,
mira a la niña tocando
una dulce gaita ausente.
-Niña, deja que levante
tu vestido para verte.
Abre en mis dedos antiguos
la rosa azul de tu vientre.

Preciosa tira el pandero
y corre sin detenerte.
El viento-hombrón la persigue
con una espada caliente.
Frunce su rumor el mar.
Los olivos palidecen.
Cantas las flautas de umbría
y el liso gong de la nieve.

¡Preciosa, corre, preciosa,
Preciosa, que te coge el viento verde!
¡Preciosa, corre, Preciosa!
¡Míralo por donde viene!
Sátiro de estrellas bajas
con sus lenguas relucientes.
Preciosa, llena de miedo,
entre en la casa que tiene,
más arriba de los pinos,
el cónsul de los ingleses.
Asustados por los gritos
tres carabineros vienen,
sus negras capas ceñidas
y los gorros en las sienes.
El inglés da a la gitana
un vaso de tibia leche,
y una copa de ginebra
que Preciosa no se bebe.

Y mientras cuenta, llorando,
su aventura de aquella gente,
en las tejas de pizarra
el viento, furioso, muerde.

REYERTA

A Rafael Méndez

En la mitad del barranco
las navajas de Albacete,
bellas de sangre contraria,
relucen como los peces.
Una dura luz de naipe
recorta en el agrio verde
caballos enfurecidos
y perfiles de jinetes.
En la copa de un olivo
lloran dos viejas mujeres.
El toro de la reyerta
se sube por las paredes.
Ángeles negros traían
pañuelos y agua de nieve.
Ángeles con grandes alas
de navajas de Albacete.
Juan Antonio el de Montilla
rueda muerto la pendiente,
su cuerpo lleno de lirios
y una granada en las sienes.
Ahora monta cruz de fuego,
carreta de la muerte.

El juez, con guardia civil,
por los olivares viene.
Sangre resbalada gime
muda canción de serpiente.
-Señores guardias civiles;
aquí pasó lo de siempre.

Han muerto cuatro romanos
y cinco cartagineses.

La tarde loca de higueras
y de rumores calientes
cae desmayada en los muslos
heridos de los jinetes.
Y ángeles negros volaban
por el aire del poniente.
Ángeles de largas trenzas
y corazones de aceite.

ROMANCE SONÁMBULO

A Gloria Giner y a Fernando de los Ríos

Verde que te quiero verde,
verde viento, verdes ramas.
El barco sobre la mar
y el caballo en la montaña.
Con la sombra en la cintura
ella sueña en su baranda,
verde carne, pelo verde,
con ojos de fría plata.
Verde que te quiero verde.
Bajo la luna gitana,
las cosas la están mirando
y ella no puede mirarlas.

Verde que te quiero verde.
Grandes estrellas de escarcha
vienen con el pez de sombra
que abre el camino del alba.
La higuera frota su viento
con la lija de sus ramas,
y el monte, el gato garduño,
eriza sus pitas agrias.
Pero ¿quién vendrá? ¿Y por dónde...?
Ella sigue en su baranda,
verde carne, pelo verde,
soñando en la mar amarga.
-Compadre, quiero cambiar
mi caballo por su casa,
mi montura por su espejo,
mi cuchillo por su manta.

Compadre, vengo sangrando,
desde los puertos de Cabra.
-Si yo pudiera, mocito,
este trato se cerraba.
Pero yo ya no soy yo.
ni mi casa es ya mi casa.
-Compadre, quiero morir
decentemente en mi cama.
De acero, si puede ser,
con las sábanas de Holanda.
¿No ves la herida que tengo
desde el pecho a la garganta?
-Trescientas rosas morenas
lleva tu pechera blanca.
Tu sangre rezuma y huele
alrededor de tu faja.
Pero yo ya no soy yo,
ni mi casa es ya mi casa.
-Dejadme subir al menos
hasta las altas barandas;
¡dejadme subir!, dejadme,
hasta las verdes barandas.
Barandales de la luna
por donde retumba el agua.

Ya suben los dos compadres
hacia las altas barandas.
Dejando un rastro de sangre.
Dejando un rastro de lágrimas.
Temblando en los tejados
farolillos de hojalata.
Mil panderos de cristal

herían la madrugada.
Verde que te quiero verde,
verde viento, verde ramas.
Los dos compadres subieron.
El largo viento dejaba
en la boca un raro gusto
de hiel, de menta y de albahaca.
¡Compadre! ¿Dónde está, dime,
dónde está tu niña amarga?
¡Cuántas veces te esperó!
¿Cuántas veces te esperara?,
cara fresca, negro pelo,
en esta verde baranda!

Sobre el rostro del aljibe
se mecía la gitana.
Verde carne, pelo verde,
con los ojos de fría plata.
Un carámbano de luna
la sostiene sobre el agua.
La noche se puso íntima
como una pequeña plaza.
Guardias civiles, borrachos
en la puerta golpeaban.
Verde que te quiero verde.
Verde viento, verdes ramas.
El barco sobre la mar.
Y el caballo en la montaña.

LA MONJA GITANA

A José Moreno Villa

Silencio de cal y mirto.
Malvas en las hierbas finas.
La monja borda alhelíes
sobre una tela pajiza.
Vuelan en la araña gris
siete pájaros del prisma.
La iglesia gruñe a lo lejos
como un oso panza arriba.
¡Qué bien borda! ¡Con qué gracia!
Sobre la tela pajiza
ella quisiera bordar
flores de su fantasía.
¡Qué girasol! ¡Qué magnolia
de lentejuelas y cintas!
¡Qué azafranes y qué lunas,
en el mantel de la misa!
Cinco toronjas se endulzan
en la cercana cocina.
Las cinco llagas de Cristo
cortadas en Almería.
Por los ojos de la monja
galopan dos caballistas.
Un rumor último y sordo
le despega la camisa,
y, al mirar nubes y montes
en las yertas lejanías,
se quiebra su corazón
de azúcar y yerbaluisa.
¡Oh, qué llanura empinada

con veinte soles arriba!
¡Qué ríos puestos de pie
vislumbra su fantasía!
Pero sigue con sus flores,
mientras que de pie, en la brisa,
la luz juega el ajedrez
alto de la celosía.

LA CASADA INFIEL

A Lydia Cabrera y a su negrita

Y que yo me la llevé al río
creyendo que era mozuela,
pero tenía marido.
Fue la noche de Santiago
y casi por compromiso.
Se apagaron los faroles
y se encendieron los grillos.

En las últimas esquinas
toqué sus pechos dormidos,
y se me abrieron de pronto
como ramos de jacintos.

El almidón de su enagua
me sonaba en el oído
como una pieza de seda
rasgada por diez cuchillos.

Sin luz de plata en sus copas
los árboles han crecido,
y un horizonte de perros
ladra muy lejos del río.

Pasadas las zarzamoras,
los juncos y los espinos,
bajo su mata de pelo
hice un hoyo sobre el limo.

Yo me quite la corbata.

Ella se quitó el vestido.
Yo el cinturón con revólver.
Ella sus cuatro corpiños.

Ni nardos ni caracolas
tienen el cutis tan fino,
ni los cristales con luna
relumbran con ese brillo.

Sus muslos se me escapan
como peces sorprendidos,
la mitad llenos de lumbre,
la mitad llenos de frío.
Aquella noche corrí
el mejor de los caminos,
montado en potra de nácar
sin bridas y sin estribos.

No quiero decir, por hombre,
las cosas que ella me dijo.
La luz del entendimiento
me hace ser muy comedido.

Sucia de besos y arena,
yo me la llevé al río.
Con el aire se batían
las espaldas de los lirios.

Me porté como quien soy.
Como un gitano legítimo.
Le regalé un costurero
grande, de raso pajizo,

y no quise enamorarme
porque teniendo marido
me dijo que era mozuela
cuando la llevaba al río.

ROMANCE DE LA PENA NEGRA

A José Navarro Pardo

Las piquetas de los gallos
cavan buscando la aurora,
cuando por el monte oscuro
baja Soledad Montoya.
Cobre amarillo, su carne
huele a caballo y a sombra.
Yunques ahumados sus pechos,
gimen canciones redondas.
-Soledad, ¿Por quién preguntas
sin compañía y a estas horas?
-Pregunte por quien pregunte,
dime: ¿a ti qué se te importa?
Vengo a buscar lo que busco,
mi alegría y mi persona.
-Soledad de mis pesares,
caballo que se desboca
al fin encuentra la mar
y se lo tragan las olas.
-No me recuerdes el mar
que la pena negra brota
en las tierras de la aceituna
bajo el rumor de las hojas.
-¡Soledad, qué pena tienes!
¡Qué pena tan lastimosa!
Lloras zumo de limón
agrio de espera y de boca.
-¡Qué pena tan grande! Corro
mi casa como una loca,
mis dos trenzas por el suelo,

de la cocina a la alcoba.
¡Qué pena! Me estoy poniendo
de azabache carne y ropa.
¡Ay, mis camisas de hilo!
¡Ay, mis muslos de amapola!
-Soledad, lava tu cuerpo
con agua de alondras,
y deja tu corazón
en paz, Soledad Montoya.

Por abajo canta el río:
volante de cielo y hojas.
Con flores de calabaza
la nueva luz se corona.
¡Oh! pena de los gitanos!
Pena limpia y siempre sola.
¡Oh! pena de cauce oculto
y madrugada remota!

SAN MIGUEL (GRANADA)

A Diego Buigas de Dalmáu

Se ven desde las barandas,
por el monte, monte, monte,
mulos y sombras de mulos
cargados de girasoles.
Sus ojos en las umbrías
se empañan de inmensa noche.
En los recodos del aire
cruje la aurora salobre.

Un cielo de mulos blancos
cierra sus ojos de azogue
dando a la quieta penumbra
un final de corazones,
y el agua se pone fría
para que nadie la toque.
Agua loca y descubierta,
por el monte, monte, monte.

San Miguel, lleno de encajes
en la alcoba de su torre,
enseña sus bellos muslos
ceñidos por los faroles.
Arcángel domesticado
en el gesto de las doce,
finge una cólera dulce
de plumas y ruiseñores.
San Miguel canta en los vidrios;
efebo de tres mil noches,
fragante de agua colonia

y lejano de las flores.

El mar baila por la playa
un poema de balcones.
Las orillas de la luna
pierden juncos, ganan voces.
Vienen manolas comiendo
semillas de girasoles,
los culos grandes y ocultos
como planetas de cobre.
Vienen altos caballeros
y damas de triste porte,
morenas por la nostalgia
de un ayer de ruiseñores.
Y el obispo de Manila,
ciego de azafrán y pobre,
dice misa con dos filos
para mujeres y hombres.

San Miguel se queda quieto
en la alcoba de su torre
con las enaguas cuajadas
de espejitos y entredoses.

San Miguel, rey de los globos
y de los números nones,
en el primor berberisco
de gritos y miradores.

SAN RAFAEL (CÓRDOBA)

A Juan Izquierdo Croselles

Coches cerrados llegaban
a las orillas de juncos
donde las ondas alisan
romano torso desnudo.
Coches que el Guadalquivir
tiende en su cristal maduro,
entre láminas de flores
y resonancias de nublos.
Los niños tejen y cantan
el desengaño del mundo,
cerca de los viejos coches
perdidos en el nocturno.
Pero Córdoba no tiembla
bajo el misterio confuso,
pues si la sombra levanta
la arquitectura del humo,
un pie de mármol afirma
su casto fulgor enjuto.
Pétalos de lata débil
recaman los grises puros
de la brisa, desplegada
sobre los arcos de triunfo.
Y mientras el puente sopla
diez rumores de Neptuno,
vendedores de tabaco
huyen por el roto muro.
Un solo pez en el agua
que a las dos Córdobas junta:
blanca Córdoba de juncos.

Córdoba de arquitectura.
Niños de cara impasible
en la orilla se desnudan,
aprendices de Tobías
y Merlines de cintura,
para fastidiar al pez
en irónica pregunta
si quiere flores de vino
o saltos de media luna.
Pero el pez,
que dora el agua
y los mármoles enluta,
les da lección y equilibrio
de solitaria columna.
El Arcángel aljamiado
de lentejuelas oscuras,
en el mitin de las ondas
buscaba rumor y cuna.
Un solo pez en el agua.
Dos Córdobas de hermosura.
Córdoba quebrada en chorros.
Celeste Córdoba enjuta.

SAN GRABRIEL (SEVILLA)

A Don Agustín Viñuales

I

Un bello niño de junco,
anchos hombros, fino talle,
piel de nocturna manzana,
boca triste y ojos grandes,
nervio de plata caliente,
ronda la desierta calle.
Sus zapatos de charol
rompen las dalias del aire
con los dos ritmos que cantan
breves lutos celestiales.
En la ribera del mar
no hay palma que se le iguale,
ni emperador coronado,
ni lucero caminante.
Cuando la cabeza inclina
sobre su pecho de jaspe,
la noche busca llanuras
porque quiere arrodillarse.
Las guitarras suenan solas
para San Gabriel Arcángel,
domador de palomillas
y enemigo de los sauces.
-San Gabriel: el niño llora
en el vientre de su madre.
No olvides que los gitanos
te regalaron el traje.

II

Anunciación de los Reyes,
bien lunada y mal vestida,
abre la puerta al lucero
que por la calle venía.
El Arcángel San Gabriel,
entre azucena y sonrisa,
bisnieto de la Giralda,
se acercaba de visita.
En su chaleco bordado
grillos ocultos palpitan.
Las estrellas de la noche
se volvieron campanillas.
-San Gabriel: Aquí me tienes
con tres clavos de alegría.
Tu fulgor abre jazmines
sobre mi cara encendida.
-Dios te salve, Anunciación.
Morena de maravilla.
Tendrás un niño más bello
que los tallos de la brisa.
-¡Ay, San Gabriel de mis ojos!
¡Gabrielillo de mi vida!
Para sentarte yo sueño
un sillón de clavellinas.
-Dios te salve, Anunciación,
bien lunada y mal vestida.
Tu niño tendrá en el pecho
un lunar y tres heridas.
-¡Ay, San Gabriel que reluces!
¡Gabrielillo de mi vida!

En el fondo de mis pechos
ya nace la leche tibia.
-Dios te salve, Anunciación.
Madre de cien dinastías.
Áridos lucen tus ojos,
paisajes de caballista.
El niño canta en el seno
de Anunciación sorprendida.
Tres balas de almendra verde
tiemblan en su vocecita.

Ya San Gabriel en el aire
por una escala, subía.
Las estrellas de la noche
se volvieron siemprevivas.

PRENDIMIENTO DE ANTOÑITO EL CAMBORIO EN EL CAMINO DE SEVILLA

A Margarita Xirgu

Antonio Torres Heredia,
hijo y nieto de Camborios,
con una vara de mimbre
va a Sevilla a ver los toros.

Moreno de verde luna,
anda despacio y garboso.
Sus empavonados bucles
le brillan entre los ojos.
A la mitad del camino
cortó limones redondos,
y los fue tirando al agua
hasta que la puso de oro.
Y a la mitad del camino,
bajo las ramas de un olmo,
guardia civil caminera
lo llevó codo con codo.

El día se va despacio,
la tarde colgada a un hombro,
dando una larga torera
sobre el mar y los arroyos.
Las aceitunas aguardan
la noche de Capricornio,
y una corta brisa, ecuestre,
salta los montes de plomo.
Antonio Torres Heredia,
hijo y nieto de Camborios,

viene sin vara de mimbre
entre los cinco tricornios.

-Antonio, ¿quién eres tú?
Si te llamaras Camborio,
hubieras hecho una fuente
de sangre con cinco chorros.
Ni tú eres hijo de nadie,
ni legítimo Camborio.
¡Se acabaron los gitanos
que iban por el monte solos!
Están los viejos cuchillos
tiritando bajo el polvo.

A las nueve de la noche
lo llevan al calabozo,
mientras los guardias civiles
beben limonada todos.
Ya las nueve de la noche
le cierran el calabozo,
mientras el cielo reluce
como la grupa de un potro.

MUERTE DE ANTOÑITO EL CAMBORIO

A José Antonio Rubio Sacristán

Voces de muerte sonaron
cerca del Guadalquivir.
Voces antiguas que cercan
voz de clavel varonil.
Les clavó sobre las botas
mordiscos de jabalí.
En la lucha daba saltos
jabonados de delfín.
Bañó con sangre enemiga
su corbata carmesí,
pero eran cuatro puñales
y tuvo que sucumbir.
Cuando las estrellas clavan
rejones al agua gris,
cuando los erales sueñan
verónicas de alhelí,
voces de muerte sonaron
cerca del Guadalquivir.

-Antonio Torres Heredia,
Camborio de dura crin,
moreno de verde luna,
voz de clavel varonil:

¿Quién te ha quitado la vida
cerca del Guadalquivir?
-Mis cuatro primos Heredias,
hijos de Benamejí.
Lo que en otros no envidiaban,

ya lo envidiaban en mí.
Zapatos color corinto,
medallones de marfil,
y este cutis amasado
con aceituna y jazmín.
-¡Ay, Antoñito el Camborio,
digno de una Emperatriz!
Acuérdate de la Virgen
porque te vas a morir.
-¡Ay, Federico García,
llama a la Guardia Civil!
Ya mi talle se ha quebrado
como caña de maíz.

Tres golpes de sangre tuvo
y se murió de perfil.
Viva moneda que nunca
se volverá a repetir.

Un ángel marchoso pone
su cabeza en un cojín.
Otros de rubor cansados
encendieron un candil.

Y cuando los cuatros primos
llegan a Benamejí,
voces de muerte cesaron
cerca del Guadalquivir.

MUERTO DE AMOR

-¿Qué es aquello que reluce
por los altos corredores?
-Cierra la puerta, hijo mío;
acaban de dar las once.

-En mis ojos, sin querer,
relumbran cuatro faroles.
-Será que la gente aquella
estará fregando el cobre.

Ajo de agónica plata
la luna menguante pone
cabelleras amarillas
a las amarillas torres.

La noche llama temblando
al cristal de los balcones,
perseguida por los mil
perros que no la conocen,
y un olor de vino y ámbar
viene de los corredores.

Brisas de caña mojada
y rumor de viejas voces
resonaban por el arco
roto de la medianoche
Bueyes y rosas dormían.
Sólo por los corredores
las cuatro luces clamaban
con el furor de San Jorge.

Tristes mujeres del valle
bajaban su sangre de hombre,
tranquila de flor cortada
y amarga de muslo joven.
Viejas mujeres del río
lloraban al pie del monte
un minuto intransitable
de cabelleras y nombres.
Fachadas de cal ponían
cuadrada y blanca la noche.
Serafines y gitanos
tocaban acordeones.
-Madre, cuando yo me muera,
que se enteren los señores.
Pon telegramas azules
que vayan del Sur al Norte.
Siete gritos, siete sangres,
siete adormideras dobles
quedaron opacas lunas
en los oscuros salones.
Lleno de manos cortadas
y coronitas de flores,
el mar de los juramentos
resonaba no sé dónde.
Y el cielo daba portazos
al brusco rumor del bosque,
mientras clamaban las luces
en los altos corredores.

ROMANCE DEL EMPLAZADO

Para Emilio Aladren

¡Mi soledad sin descanso!
Ojos chicos de mi cuerpo
y grandes de mi caballo,
no se cierran por la noche
ni miran al otro lado,
donde se aleja tranquilo
un sueño de trece barcos.
Sino que, limpios y duros
escuderos desvelados,
mis ojos miran un norte
de metales y peñascos,
donde mi cuerpo sin venas
consulta naipes helados.

Los densos bueyes del agua
embisten a los muchachos
que se bañan en las lunas
de sus cuernos ondulados.
Y los martillos cantaban
sobre los yunques sonámbulos
el insomnio del jinete
y el insomnio del caballo.

El veinticinco de junio
le dijeron a el Amargo:
-Ya puedes cortar, si gustas,
las adelfas de tu patio.
Pinta una cruz en la puerta
y pon tu nombre debajo,

porque cicutas y ortigas
nacerán en tu costado
y agujas de cal mojada
te morderán los zapatos.
Será de noche, en lo oscuro,
por los montes imantados,
donde los bueyes del agua
beben los juncos soñando.
Pide luces y campanas.
Aprende a cruzar las manos
y gusta los aires fríos
de metales y peñascos.
Porque dentro de dos meses
yacerás amortajado.

Espadón de nebulosa
mueve en el aire Santiago.
Grave silencio, de espalda,
manaba el cielo combado.

El veinticinco de junio
abrió sus ojos Amargo,
y el veinticinco de agosto
se tendió para cerrarlos.
Hombres bajaban la calle
para ver al emplazado,
que fijaba sobre el muro
su soledad con descanso.
Y la sábana impecable,
de duro acento romano,
daba equilibrio a la muerte
con las rectas de sus paños.

ROMANCE DE LA GUARDIA CIVIL ESPAÑOLA

A Juan Guerrero

Los caballos negros son.
Las herraduras son negras.
Sobre las capas relucen
manchas de tinta y de cera.
Tienen, por eso no lloran,
de plomo las calaveras.
Con el alma de charol
vienen por la carretera.
Jorobados y nocturnos,
por donde animan ordenan
silencios de goma oscura
y miedos de fina arena.
Pasan, si quieren pasar,
y ocultan en la cabeza
una vaga astronomía
de pistolas inconcretas.

¡Oh ciudad de los gitanos!
En las esquinas, banderas.
La luna y la calabaza
con las guindas en conserva.
¡Oh ciudad de los gitanos!
¿Quién te vio y no te recuerda?
Ciudad de dolor y almizcle,
con las torres de canela.
Cuando llegaba la noche,
noche que noche nochera,
los gitanos en sus fraguas
forjaban soles y flechas.

Un caballo malherido
llamaba a todas las puertas.
Gallos de vidrio cantaban
por Jerez de la Frontera.
El viento vuelve desnudo
la esquina de la sorpresa,
en la noche platinoche,
noche que noche nochera.

La Virgen y San José
perdieron sus castañuelas,
y buscan a los gitanos
para ver si las encuentran.
La Virgen viene vestida
con un traje de alcaldesa,
de papel de chocolate
con los collares de almendras.
San José mueve los brazos
bajo una capa de seda.
Detrás va Pedro Domecq
con tres sultanes de Persia.
La media luna soñaba
un éxtasis de cigüeña.
Estandartes y faroles
invaden las azoteas.
Por los espejos sollozan
bailarinas sin caderas.
Agua y sombra, sombra y agua
por Jerez de la Frontera.

¡Oh, ciudad de los gitanos!
En las esquinas, banderas.

Apaga tus verdes luces
que viene la benemérita.
¡Oh ciudad de los gitanos!
¿Quién te vio y no te recuerda?
Dejadla lejos del mar,
sin peines para sus crenchas.

Avanzan de dos en fondo
a la ciudad de la fiesta.
Un rumor de siemprevivas
invade las cartucheras.
Avanzan de dos en fondo.
Doble nocturno de tela.
El cielo se les antoja
una vitrina de espuelas.

La ciudad, libre de miedo,
multiplicaba sus puertas.
Cuarenta guardias civiles
entran a saco por ellas.
Los relojes se pararon,
y el coñac de las botellas
se disfrazó de noviembre
para no infundir sospechas.
Un vuelo de gritos largos
se levantó en las veletas.
Los sables cortan las brisas
que los cascos atropellan.
Por las calles de penumbra
huyen las gitanas viejas
con los caballos dormidos
y las orzas de monedas.

Por las calles empinadas
suben las capas siniestras,
dejando detrás fugaces
remolinos de tijeras.

En el portal de Belén
los gitanos se congregan.
San José, lleno de heridas,
amortaja a una doncella.
Tercos fusiles agudos
por toda la noche suenan.
La Virgen cura a los niños
con salivilla de estrella.
Pero la Guardia Civil
avanza sembrando hogueras,
donde joven y desnuda
la imaginación se quema.
Rosa la de los Camborios
gime sentada en su puerta
con sus dos pechos cortados
puestos en una bandeja.
Y otras muchachas corrían
perseguidas por sus trenzas.
en un aire donde estallan
rosas de pólvora negra.
Cuando todos los tejados
eran surcos en la tierra,
el alba meció sus hombros
en largo perfil de piedra.

¡Oh, ciudad de los gitanos!
La Guardia Civil se aleja

por un túnel de silencio
mientras las llamas te cercan.

¡Oh, ciudad de los gitanos!
¿Quién te vio y no te recuerda?
Que te busquen en mi frente.
Juego de luna y arena.

PAISAJE DE LA MULTITUD QUE VOMITA

Anochecer en Coney Island

La mujer gorda venía delante
arrancando las raíces y mojando el pergamino de los tambores;
la mujer gorda
que vuelve del revés los pulpos agonizantes.
La mujer gorda, enemiga de la luna,
corría por las calles y los pisos deshabitados
y dejaba por los rincones pequeñas calaveras de paloma
y levantaba las furias de los banquetes de los siglos últimos
y llamaba al demonio del pan por las colinas del cielo barrido
y filtraba un ansia de luz en las circulaciones subterráneas.
Son los cementerios, lo sé, son los cementerios
y el dolor de las cocinas enterradas bajo la arena,
son los muertos, los faisanes y las manzanas de otra hora
los que nos empujan en la garganta.

Llegaban los rumores de la selva del vómito
con las mujeres vacías, con niños de cera caliente,
con árboles fermentados y camareros incansables
que sirven platos de sal bajo las arpas de la saliva.
Sin remedio, hijo mío, ¡vomita! No hay remedio.
No es el vómito de los húsares sobre los pechos de la prostituta,
ni el vómito del gato que se tragó una rana por descuido.
Son los muertos que arañan con sus manos de tierra
las puertas de pedernal donde se pudren nublos y postres.

La mujer gorda venía delante
con las gentes de los barcos, de las tabernas y de los jardines.
El vómito agitaba delicadamente sus tambores
entre algunas niñas de sangre
que pedían protección a la luna.
¡Ay de mí! ¡Ay de mí! ¡Ay de mi!
Esta mirada mía fue mía, pero ya no es mía,
esta mirada que tiembla desnuda por el alcohol
y despide barcos increíbles
por las anémonas de los muelles.
Me defiendo con esta mirada
que mana de las ondas por donde el alba no se atreve,
yo, poeta sin brazos, perdido
entre la multitud que vomita,
sin caballo efusivo que corte
los espesos musgos de mis sienes.
Pero la mujer gorda seguía delante
y la gente buscaba las farmacias
donde el amargo trópico se fija.
Sólo cuando izaron la bandera y llegaron los primeros canes
la ciudad entera se agolpó en las barandillas del embarcadero.

PAISAJE DE LA MULTITUD QUE ORINA

Nocturno de Battery Place

Se quedaron solos:
aguardaban la velocidad de las últimas bicicletas.
Se quedaron solas:
esperaban la muerte de un niño en el velero japonés.
Se quedaron solos y solas,
soñando con los picos abiertos de los pájaros agonizantes,
con el agudo quitasol que pincha
al sapo recién aplastado,
bajo un silencio con mil orejas
y diminutas bocas de agua
en los desfiladeros que resisten
el ataque violento de la luna.
Lloraba el niño del velero y se quebraban los corazones
angustiados por el testigo y la vigilia de todas las cosas
y porque todavía en el suelo celeste de negras huellas
gritaban nombres oscuros, salivas y radios de níquel.
No importa que el niño calle cuando le clavan el último alfiler,
no importa la derrota de la brisa en la corola del algodón,
porque hay un mundo de la muerte con marineros definitivos
que se asomarán a los arcos y os helarán por detrás de los árboles.
Es inútil buscar el recodo
donde la noche olvida su viaje
y acechar un silencio que no tenga
trajes rotos y cáscaras y llanto,
porque tan sólo el diminuto banquete de la araña
basta para romper el equilibrio de todo el cielo.
No hay remedio para el gemido del velero japonés,
ni para estas gentes ocultas que tropiezan con las esquinas.
El campo se muerde la cola para unir las raíces en un punto

y el ovillo busca por la grama su ansia de longitud insatisfecha.
¡La luna! Los policías. ¡Las sirenas de los transatlánticos!
Fachadas de crin, de humo, anémonas; guantes de goma.
Todo está roto por la noche,
abierta de piernas sobre las terrazas.
Todo está roto por los tibios caños
de una terrible fuente silenciosa.
¡Oh gentes! ¡Oh mujercillas! ¡Oh soldados!
Será preciso viajar por los ojos de los idiotas,
campos libres donde silban las mansas cobras deslumbradas,
paisajes llenos de sepulcros que producen fresquísimas manzanas,
para que venga la luz desmedida
que temen los ricos detrás de sus lupas,
el olor de un solo cuerpo con la doble vertiente de lis y rata
y para que se quemen estas gentes que pueden orinar
[alrededor de un gemido
o en los cristales donde se comprenden las olas nunca repetidas.

NAVIDAD EN EL HUDSON

¡Esa esponja gris!
Ese marinero recién degollado.
Ese río grande.
Esa brisa de límites oscuros.
Ese filo, amor, ese filo.
Estaban los cuatro marineros luchando con el mundo.
con el mundo de aristas que ven todos los ojos,
con el mundo que no se puede recorrer sin caballos.
Estaban uno, cien, mil marineros
luchando con el mundo de las agudas velocidades,
sin enterarse de que el mundo
estaba solo por el cielo.

El mundo solo por el cielo solo.
Son las colinas de martillos y el triunfo de la hierba espesa.
Son los vivísimos hormigueros y las monedas en el fango.
El mundo solo por el cielo solo
y el aire a la salida de todas las aldeas.

Cantaba la lombriz el terror de la rueda
y el marinero degollado
cantaba al oso de agua que lo había de estrechar;
y todos cantaban aleluya,
aleluya. Cielo desierto.
Es lo mismo, ¡lo mismo!, aleluya.

He pasado toda la noche en los andamios de los arrabales
dejándome la sangre por la escayola de los proyectos,
ayudando a los marineros a recoger las velas desgarradas.
Y estoy con las manos vacías en el rumor de la desembocadura.

No importa que cada minuto
un niño nuevo agite sus ramitos de venas,
ni que el parto de la víbora, desatado bajo las ramas,
calme la sed de sangre de los que miran el desnudo.
Lo que importa es esto: hueco. Mundo solo. Desembocadura.
Alba no. Fábula inerte.
Sólo esto: desembocadura.
¡Oh esponja mía gris!
¡Oh cuello mío recién degollado!
¡Oh río grande mío!
¡Oh brisa mía de límites que no son míos!
¡Oh filo de mi amor, oh hiriente filo!

PANORAMA CIEGO DE NUEVA YORK

Si no son los pájaros
cubiertos de ceniza,
si no son los gemidos que golpean las ventanas de la boda,
serán las delicadas criaturas del aire
que manan la sangre nueva por la oscuridad inextinguible.
Pero no, no son los pájaros,
porque los pájaros están a punto de ser bueyes;
pueden ser rocas blancas con la ayuda de la luna
y son siempre muchachos heridos
antes de que los jueces levanten la tela.
Todos comprenden el dolor que se relaciona con la muerte,
pero el verdadero dolor no está presente en el espíritu.
No está en el aire ni en nuestra vida,
ni en estas terrazas llenas de humo.
El verdadero dolor que mantiene despiertas las cosas
es una pequeña quemadura infinita
en los ojos inocentes de los otros sistemas.
Un traje abandonado pesa tanto en los hombros
que muchas veces el cielo los agrupa en ásperas manadas.
Y las que mueren de parto saben en la última hora
que todo rumor será piedra y toda huella latido.
Nosotros ignoramos que el pensamiento tiene arrabales
donde el filósofo es devorado por los chinos y las orugas.
Y algunos niños idiotas han encontrado por las cocinas
pequeñas golondrinas con muletas
que sabían pronunciar la palabra amor.

No, no son los pájaros.
No es un pájaro el que expresa la turbia fiebre de laguna,
ni el ansia de asesinato que nos oprime cada momento,

ni el metálico rumor de suicidio que nos anima cada madrugada,
Es una cápsula de aire donde nos duele todo el mundo,
es un pequeño espacio vivo al loco unisón de la luz,
es una escala indefinible donde las nubes y rosas olvidan
el griterío chino que bulle por el desembarcadero de la sangre.
Yo muchas veces me he perdido
para buscar la quemadura que mantiene despiertas las cosas
y sólo he encontrado marineros echados sobre las barandillas
y pequeñas criaturas del cielo enterradas bajo la nieve.
Pero el verdadero dolor estaba en otras plazas
donde los peces cristalizados agonizaban dentro de los troncos;
plazas del cielo extraño para las antiguas estatuas ilesas
y para la tierna intimidad de los volcanes.

No hay dolor en la voz. Sólo existen los dientes,
pero dientes que callarán aislados por el raso negro.
No hay dolor en la voz. Aquí sólo existe la Tierra.
La Tierra con sus puertas de siempre
que llevan al rubor de los frutos.

NACIMIENTO DE CRISTO

Un pastor pide teta por la nieve que ondula
blancos perros tendidos entre linternas sordas.
El Cristito de barro se ha partido los dedos
en los tilos eternos de la madera rota.

¡Ya vienen las hormigas y los pies ateridos!
Dos hilillos de sangre quiebran el cielo duro.
Los vientres del demonio resuenan por los valles
golpes y resonancias de carne de molusco.

Lobos y sapos cantan en las hogueras verdes
coronadas por vivos hormigueros del alba.
La luna tiene un sueño de grandes abanicos
y el toro sueña un toro de agujeros y de agua.

El niño llora y mira con un tres en la frente,
San José ve en el heno tres espinas de bronce.
Los pañales exhalan un rumor de desierto
con cítaras sin cuerdas y degolladas voces.

La nieve de Manhattan empuja los anuncios
y lleva gracia pura por las falsas ojivas.
Sacerdotes idiotas y querubes de pluma
van detrás de Lutero por las altas esquinas.

LLANTO POR IGNACIO SÁNCHEZ MEJÍAS (1935)

I. LA COGIDA Y LA MUERTE

A las cinco de la tarde.
Eran las cinco en punto de la tarde.
Un niño trajo la blanca sábana
a las cinco de la tarde.
Una espuerta de cal ya prevenida
a las cinco de la tarde.
Lo demás era muerte y sólo muerte
a las cinco de la tarde.

El viento se llevó los algodones
a las cinco de la tarde.
Y el óxido sembró cristal y níquel
a las cinco de la tarde.
Ya luchan la paloma y el leopardo
a las cinco de la tarde.
Y un muslo con un asta desolada
a las cinco de la tarde.
Comenzaron los sones del bordón
a las cinco de la tarde.
Las campanas de arsénico y el humo
a las cinco de la tarde.
En las esquinas grupos de silencio
a las cinco de la tarde.
¡Y el toro, solo corazón arriba!
a las cinco de la tarde.
Cuando el sudor de nieve fue llegando
a las cinco de la tarde,

cuando la plaza se cubrió de yodo
a las cinco de la tarde,
la muerte puso huevos en la herida
a las cinco de la tarde.
A las cinco de la tarde.
A las cinco en punto de la tarde.
Un ataúd con ruedas es la cama
a las cinco de la tarde.
Huesos y flautas suenan en su oído
a las cinco de la tarde.
El toro ya mugía por su frente
a las cinco de la tarde.
El cuarto se irisaba de agonía
a las cinco de la tarde.
A lo lejos ya viene la gangrena
a las cinco de la tarde.
Trompa de lirio por las verdes ingles
a las cinco de la tarde.
Las heridas quemaban como soles
a las cinco de la tarde,
y el gentío rompía las ventanas
a las cinco de la tarde.
A las cinco de la tarde.
¡Ay qué terribles cinco de la tarde!
¡Eran las cinco en todos los relojes
¡Eran las cinco en sombra de la tarde!

II. LA SANGRE DERRAMADA

¡Que no quiero verla!

Dile a la luna que venga,
que no quiero ver la sangre
de Ignacio sobre la arena.

¡Que no quiero verla!

La luna de par en par,
caballo de nubes quietas,
y la plaza gris del sueño
con sauces en las barreras
¡Que no quiero verla!
Que mi recuerdo se quema.
¡Avisad a los jazmines
con su blancura pequeña!
¡Que no quiero verla!

La vaca del viejo mundo
pasaba su triste lengua
sobre un hocico de sangres
derramadas en la arena,
y los toros de Guisando,
casi muerte y casi piedra,
mugieron como dos siglos
hartos de pisar la tierra.
No.
¡Que no quiero verla!

Por las gradas sube Ignacio

con toda su muerte a cuestas.
Buscaba el amanecer,
y el amanecer no era.
Busca su perfil seguro,
y el sueño lo desorienta.
Buscaba su hermoso cuerpo
y encontró su sangre abierta.
¡No me digáis que la vea!
No quiero sentir el chorro
cada vez con menos fuerza;
ese chorro que ilumina
los tendidos y se vuelca
sobre la pana y el cuero
de muchedumbre sedienta.
¡Quién me grita que me asome!
¡No me digáis que la vea!

No se cerraron sus ojos
cuando vio los cuernos cerca,
pero las madres terribles
levantaron la cabeza.
Y a través de las ganaderías,
hubo un aire de voces secretas
que gritaban a toros celestes,
mayorales de pálida niebla.
No hubo príncipe en Sevilla
que comparársele pueda,
ni espada como su espada,
ni corazón tan de veras.
Como un rio de leones
su maravillosa fuerza,
y como un torso de mármol

su dibujada prudencia.
Aire de Roma andaluza
le doraba la cabeza
donde su risa era un nardo
de sal y de inteligencia.
¡Qué gran torero en la plaza!
¡Qué gran serrano en la sierra!
¡Qué blando con las espigas!
¡Qué duro con las espuelas!
¡Qué tierno con el rocío!
¡Qué deslumbrante en la feria!
¡Qué tremendo con las últimas
banderillas de tiniebla!

Pero ya duerme sin fin.
Ya los musgos y la hierba
abren con dedos seguros
la flor de su calavera.
Y su sangre ya viene cantando:
cantando por marismas y praderas,
resbalando por cuernos ateridos
vacilando sin alma por la niebla,
tropezando con miles de pezuñas
como una larga, oscura, triste lengua,
para formar un charco de agonía
junto al Guadalquivir de las estrellas.
¡Oh blanco muro de España!
¡Oh negro toro de pena!
¡Oh sangre dura de Ignacio!
¡Oh ruiseñor de sus venas!
No.
¡Que no quiero verla!

Que no hay cáliz que la contenga,
que no hay golondrinas que se la beban,
no hay escarcha de luz que la enfríe,
no hay canto ni diluvio de azucenas,
no hay cristal que la cubra de plata.
No.
¡Yo no quiero verla!

III. CUERPO PRESENTE

La piedra es una frente donde los sueños gimen
sin tener agua curva ni cipreses helados.
La piedra es una espalda para llevar al tiempo
con árboles de lágrimas y cintas y planetas.

Yo he visto lluvias grises correr hacia las olas
levantando sus tiernos brazos acribillados,
para no ser cazadas por la piedra tendida
que desata sus miembros sin empapar la sangre.

Porque la piedra coge simientes y nublados,
esqueletos de alondras y lobos de penumbra;
pero no da sonidos, ni cristales, ni fuego,
sino plazas y plazas y otras plazas sin muros.

Ya está sobre la piedra Ignacio el bien nacido.
Ya se acabó; ¿qué pasa? Contemplad su figura:
la muerte le ha cubierto de pálidos azufres
y le ha puesto cabeza de oscuro minotauro.

Ya se acabó. La lluvia penetra por su boca.
El aire como loco deja su pecho hundido,
y el Amor, empapado con lágrimas de nieve
se calienta en la cumbre de las ganaderías.

¿Qué dicen? Un silencio con hedores reposa.
Estamos con un cuerpo presente que se esfuma,
con una forma clara que tuvo ruiseñores
y la vemos llenarse de agujeros sin fondo.

¿Quién arruga el sudario? ¡No es verdad lo que dice!
Aquí no canta nadie, ni llora en el rincón,
ni pica las espuelas, ni espanta la serpiente:
aquí no quiero más que los ojos redondos
para ver ese cuerpo sin posible descanso.

Yo quiero ver aquí los hombres de voz dura.
Los que doman caballos y dominan los ríos;
los hombres que les suena el esqueleto y cantan
con una boca llena de sol y pedernales.

Aquí quiero yo verlos. Delante de la piedra.
Delante de este cuerpo con las riendas quebradas.
Yo quiero que me enseñen dónde está la salida
para este capitán atado por la muerte.

Yo quiero que me enseñen un llanto como un río
que tenga dulces nieblas y profundas orillas,
para llevar el cuerpo de Ignacio y que se pierda
sin escuchar el doble resuello de los toros.

Que se pierda en la plaza redonda de la luna
que finge cuando niña doliente res inmóvil;
que se pierda en la noche sin canto de los peces
y en la maleza blanca del humo congelado.

No quiero que le tapen la cara con pañuelos
para que se acostumbre con la muerte que lleva.
Vete, Ignacio: No sientas el caliente bramido.
Duerme, vuela, reposa: ¡También se muere el mar!

IV. ALMA AUSENTE

No te conoce el toro ni la higuera,
ni caballos ni hormigas de tu casa.
No te conoce el niño ni la tarde
porque te has muerto para siempre.

No te conoce el lomo de la piedra,
ni el raso negro donde te destrozas.
No te conoce tu recuerdo mudo
porque te has muerto para siempre.

El otoño vendrá con caracolas,
uva de niebla y monjes agrupados,
pero nadie querrá mirar tus ojos
porque te has muerto para siempre.

Porque te has muerto para siempre,
como todos los muertos de la Tierra,
como todos los muertos que se olvidan
en un montón de perros apagados.

No te conoce nadie. No. Pero yo te canto.
Yo canto para luego tu perfil y tu gracia.
La madurez insigne de tu conocimiento.
Tu apetencia de muerte y el gusto de tu boca.
La tristeza que tuvo tu valiente alegría.

Tardará mucho tiempo en nacer, si es que nace,
un andaluz tan claro, tan rico de aventura.
Yo canto su elegancia con palabras que gimen
y recuerdo una brisa triste por los olivos.

GACELAS

Gacela del amor imprevisto

Nadie comprendía el perfume
de la oscura magnolia de tu vientre.
Nadie sabía que martirizabas
un colibrí de amor entre los dientes.

Mil caballitos persas se dormían
en la plaza con luna de tu frente,
mientras que yo enlazaba cuatro noches
tu cintura, enemiga de la nieve.

Entre yeso y jazmines, tu mirada
era un pálido ramo de simientes.
Yo busqué, para darte, por mi pecho
las letras de marfil que dicen siempre,

siempre, siempre: jardín de mi agonía,
tu cuerpo fugitivo para siempre,
la sangre de tus venas en mi boca,
tu boca ya sin luz para mi muerte.

Gacela de la terrible presencia

Yo quiero que el agua se quede sin cauce,
yo quiero que el viento se quede sin valles.

Quiero que la noche se quede sin ojos
y mi corazón sin flor del oro;

que los bueyes hablen con las grandes hojas
y que la lombriz se muera de sombra;

que brillen los dientes de la calavera
y los amarillos inunden la seda.
Puedo ver el duelo de la noche herida
luchando enroscada con el mediodía.

Resiste un ocaso de verde veneno
y los arcos rotos donde sufre el tiempo.

Pero no ilumines tu limpio desnudo
como un negro cactus abierto en los juncos.

Déjame en un ansia de oscuros planetas,
pero no me enseñes tu cintura fresca.

Gacela del amor desesperado

La noche no quiere venir
para que tú no vengas,
ni yo pueda ir.

Pero yo iré,
aunque un sol de alacranes me coma la sien.

Pero tú vendrás
con la lengua quemada por la lluvia de sal.

El día no quiere venir
para que tú no vengas,
ni yo pueda ir.

Pero yo iré
entregando a los sapos mi mordido clavel.

Pero tú vendrás
por las turbias cloacas de la oscuridad.
Ni la noche ni el día quieren venir
para que por ti muera
y tú mueras por mí.

Gacela del amor que no se deja ver

Solamente por oír
la campana de la Vela
te puse una corona de verbena.

Granada era una luna
ahogada entre las yedras.

Solamente por oír
la campana de la Vela
desgarré mi jardín de Cartagena.

Granada era una corza
rosa por las veletas.

Solamente por oír
la campana de la Vela
me abrasaba en tu cuerpo
sin saber de quién era.

Gacela del niño muerto

Todas las tardes en Granada,
todas las tardes se muere un niño.
Todas las tardes el agua se sienta
a conversar con sus amigos.

Los muertos llevan alas de musgo.
El viento nublado y el viento limpio
son dos faisanes que vuelan por las torres
y el día es un muchacho herido.

No quedaba en el aire ni una brizna de alondra
cuando yo te encontré por las grutas del vino
No quedaba en la tierra ni una miga de nube
cuando te ahogabas por el río.
Un gigante de agua cayó sobre los montes
y el valle fue rodando con perros y con lirios.
Tu cuerpo, con la sombra violeta de mis manos,
era, muerto en la orilla, un arcángel de frío.

Gacela de la raíz amarga

Hay una raíz amarga
y un mundo de mil terrazas.

Ni la mano más pequeña
quiebra la puerta del agua.

¿Dónde vas, adónde, dónde?
Hay un cielo de mil ventanas
—batalla de abejas lívidas—
y hay una raíz amarga.

Amarga.

Duele en la planta del pie
el interior de la cara,
y duele en el tronco fresco
de noche recién cortada.

¡Amor, enemigo mío,
muerde tu raíz amarga!

Gacela del recuerdo del amor

No te lleves tu recuerdo.
Déjalo solo en mi pecho,

temblor de blanco cerezo
en el martirio de enero.

Me separa de los muertos
un muro de malos sueños.

Doy pena de lirio fresco
para un corazón de yeso.

Toda la noche en el huerto
mis ojos, como dos perros.

Toda la noche, comiendo
los membrillos de veneno.

Algunas veces el viento
es un tulipán de miedo,

es un tulipán enfermo,
la madrugada de invierno.

Un muro de malos sueños
me separa de los muertos.

La niebla cubre en silencio
el valle gris de tu cuerpo.

Por el arco del encuentro
la cicuta está creciendo.

Pero deja tu recuerdo
déjalo sólo en mi pecho.

Gacela de la muerte oscura

Quiero dormir el sueño de las manzanas
alejarme del tumulto de los cementerios.
Quiero dormir el sueño de aquel niño
que quería cortarse el corazón en alta mar.

No quiero que me repitan que los muertos no pierden la sangre;
que la boca podrida sigue pidiendo agua.
No quiero enterarme de los martirios que da la hierba,
ni de la luna con boca de serpiente
que trabaja antes del amanecer.

Quiero dormir un rato,
un rato, un minuto, un siglo;
pero que todos sepan que no he muerto;
que haya un establo de oro en mis labios;
que soy un pequeño amigo del viento Oeste;
que soy la sombra inmensa de mis lágrimas.

Cúbreme por la aurora con un velo,
porque me arrojará puñados de hormigas,
y moja con agua dura mis zapatos
para que resbale la pinza de su alacrán.

Porque quiero dormir el sueño de las manzanas
para aprender un llanto que me limpie de tierra;
porque quiero vivir con aquel niño oscuro
que quería cortarse el corazón en alta mar.

Gacela del amor maravilloso

Con todo el yeso
de los malos campos,
eras junco de amor, jazmín mojado.
Con sur y llama
de los malos cielos,
eres rumor de nieve por mi pecho.

Cielos y campos
anudaban cadenas en mis manos.

Cielos y cielos
azotaban las llagas de mi cuerpo.

Gacela de la huida

Me he perdido muchas veces por el mar
con el oído lleno de flores recién cortadas,
con la lengua llena de amor y de agonía.
Muchas veces me he perdido por el mar,
como me pierdo en el corazón de algunos niños.

No hay noche que, al dar un beso,
no sienta la sonrisa de las gentes sin rostro,
ni hay nadie que, al tocar un recién nacido,
olvide las inmóviles calaveras de caballo.

Porque las rosas buscan en la frente
un duro paisaje de hueso
y las manos del hombre no tienen más sentido
que imitar a las raíces bajo tierra.

Como me pierdo en el corazón de algunos niños,
me he perdido muchas veces por el mar.
Ignorante del agua voy buscando
una suerte de luz que me consuma.

Gacela del amor con cien años

Suben por la calle
los cuatro galanes,

ay, ay, ay, ay.

Por la calle abajo
van los tres galanes,

ay, ay, ay.

Se ciñen el talle
esos dos galanes,
ay, ay.

¡Cómo vuelve el rostro
un galán y el aire!

Ay.

Por los arrayanes
se pasea nadie.

Gacela del mercado matutino

Por el arco de Elvira
quiero verte pasar,
para saber tu nombre
y ponerme a llorar.

¿Qué luna gris de las nueve
te desangró la mejilla?
¿Quién recoge tu semilla
de llamaradas en la nieve?
¿Qué alfiler de cactus breve
asesina tu cristal?
Por el arco de Elvira
voy a verte pasar,
para beber tus ojos
y ponerme a llorar.

¡Qué voz para mi castigo
levantas por el mercado!
¡Qué clavel enajenado
en los montones de trigo!
¡Qué lejos estoy contigo,
qué cerca cuando te vas!

Por el arco de Elvira
voy a verte pasar,
para sentir tus muslos
y ponerme a llorar.

CASIDAS

Casida del herido por el agua

Quiero bajar al pozo,
quiero subir los muros de Granada,
para mirar el corazón pasado
por el punzón oscuro de las aguas.

El niño herido gemía
con una corona de escarcha.
Estanques, aljibes y fuentes
levantaban al aire sus espadas.
¡Ay, qué furia de amor, qué hiriente filo,
qué nocturno rumor, qué muerte blanca!
¡Qué desiertos de luz iban hundiendo
los arenales de la madrugada!
El niño estaba solo
con la ciudad dormida en la garganta.
Un surtidor que viene de los sueños
lo defiende del hambre de las algas.
El niño y su agonía, frente a frente,
eran dos verdes lluvias enlazadas.
El niño se tendía por la tierra
y su agonía se curvaba.

Quiero bajar al pozo,
quiero morir mi muerte a bocanadas,
quiero llenar mi corazón de musgo,
para ver al herido por el agua.

Casida del llanto

He cerrado mi balcón
porque no quiero oír el llanto
pero por detrás de los grises muros
no se oye otra cosa que el llanto.

Hay muy pocos ángeles que canten,
hay muy pocos perros que ladren,
mil violines caben en la palma de mi mano.

Pero el llanto es un perro inmenso,
el llanto es un ángel inmenso,
el llanto es un violín inmenso,
las lágrimas amordazan al viento,
no se oye otra cosa que el llanto.

Casida de los ramos

Por las arboledas del Tamarit
han venido los perros de plomo
a esperar que se caigan los ramos,
a esperar que se quiebren ellos solos.

El Tamarit tiene un manzano
con una manzana de sollozos.
Un ruiseñor apaga los suspiros
y un faisán los ahuyenta por el polvo.

Pero los ramos son alegres,
los ramos son como nosotros.
No piensan en la lluvia y se han dormido,
como si fueran árboles, de pronto.

Sentados con el agua en las rodillas
dos valles esperaban al otoño.
La penumbra con paso de elefante
empujaba las ramas y los troncos.

Por las arboledas de Tamarit
hay muchos niños de velado rostro
a esperar que se caigan mis ramos,
a esperar que se quiebren ellos solos.

Casida de la mujer tendida

Verte desnuda es recordar la tierra.
La tierra lisa, limpia de caballos.
La tierra sin un junco, forma pura
cerrada al porvenir: confín de plata.

Verte desnuda es comprender el ansia
de la lluvia que busca débil talle,
o la fiebre del mar de inmenso rostro
sin encontrar la luz de su mejilla.

La sangre sonará por las alcobas
y vendrá con espada fulgurante,
pero tú no sabrás dónde se ocultan
el corazón de sapo o la violeta.

Tu vientre es una lucha de raíces,
tus labios son un alba sin contorno,
bajo las rosas tibias de la cama
los muertos gimen esperando turno.

Casida del sueño al aire libre

Flor de jazmín y toro degollado.
Pavimento infinito. Mapa. Sala. Arpa. Alba.
La niña finge un toro de jazmines
y el toro es un sangriento crepúsculo que brama.

Si el cielo fuera un niño pequeñito,
los jazmines tendrían mitad de noche oscura,
y el toro circo azul sin lidiadores
y un corazón al pie de una columna.

Pero el cielo es un elefante
y el jazmín es un agua sin sangre
y la niña es un ramo nocturno
por el inmenso pavimento oscuro.

Entre el jazmín y el toro
o garfios de marfil o gente dormida.
En el jazmín un elefante y nubes
y en el toro el esqueleto de la niña.

Casida de la mano imposible

Yo no quiero más que una mano,
una mano herida, si es posible.
Yo no quiero más que una mano,
aunque pase mil noches sin lecho.

Sería un pálido lirio de cal,
sería una paloma amarrada a mi corazón,
sería el guardián que en la noche de mi tránsito
prohibiera en absoluto la entrada a la luna.
Yo no quiero más que esa mano
para los diarios aceites y la sábana blanca de mi agonía
Yo no quiero más que esa mano
para tener un ala de mi muerte.

Lo demás todo pasa.
Rubor sin nombre ya, astro perpetuo.
Lo demás es lo otro; viento triste,
mientras las hojas huyen en bandadas.

Casida de la rosa

La rosa
no buscaba la aurora:
casi eterna en su ramo,
buscaba otra cosa.

La rosa,
no buscaba ni ciencia ni sombra:
confín de carne y sueño,
buscaba otra cosa.

La rosa,
no buscaba la rosa.
Inmóvil por el cielo
buscaba otra cosa.

Casida de la muchacha dorada

La muchacha dorada
se bañaba en el agua
y el agua se doraba.

Las algas y las ramas
en sombra la asombraban
y el ruiseñor cantaba
por la muchacha blanca.
Vino la noche clara,
turbia de plata mala,
con peladas montañas,
bajo la brisa parda.

La muchacha mojada
era blanca en el agua
y el agua, llamarada.

Vino el alba sin mancha
con mil caras de vaca,
yerta y amortajada
con heladas guirnaldas.

La muchacha de lágrimas
se bañaba entre llamas,
y el ruiseñor lloraba
con las alas quemadas.

La muchacha dorada
era una blanca garza
y el agua la doraba.

Casida de las palomas oscuras

Por las ramas del laurel
van dos palomas oscuras.
La una era el sol,
la otra la luna.
"Vecinitas", les dije,
"¿dónde está mi sepultura?"
"En mi cola", dijo el sol.
"En mi garganta", dijo la luna.
Y yo que estaba caminando
con la tierra por la cintura
vi dos águilas de nieve
y una muchacha desnuda.
La una era la otra
y la muchacha era ninguna.
"Aguilitas", les dije,
"¿dónde está mi sepultura?"
"En mi cola", dijo el sol.
"En mi garganta", dijo la luna.
Por las ramas del laurel
vi dos palomas desnudas.
La una era la otra
y las dos eran ninguna.

SONETO GONGORINO

Este pichón del Turia que te mando,
de dulces ojos y de blanca pluma,
sobre laurel de Grecia vierte y suma
llama lenta de amor do estoy parando.

Su cándida virtud, su cuello blando,
en limo doble de caliente espuma,
con un temblor de escarcha, perla y bruma
la ausencia de tu boca está marcando.

Pasa la mano sobre tu blancura
y verás qué nevada melodía
esparce en copos sobre tu hermosura.

Así mi corazón de noche y día,
preso en la cárcel del amor oscura,
llora, sin verte, su melancolía.

LLAGAS DE AMOR

Esta luz, este fuego que devora.
Este paisaje gris que me rodea.
Este dolor por una sola idea.
Esta angustia de cielo, mundo y hora.

Este llanto de sangre que decora
lira sin pulso ya, lúbrica tea.
Este peso del mar que me golpea.
Este alacrán que por mi pecho mora.

Son guirnalda de amor, cama de herido,
donde sin sueño, sueño tu presencia
entre las ruinas de mi pecho hundido.
Y aunque busco la cumbre de prudencia
me da tu corazón valle tendido
con cicuta y pasión de amarga ciencia.

SONETO DE LA GUIRNALDA DE LAS ROSAS

¡Esa guirnalda! ¡Pronto! ¡Que me muero!
¡Teje deprisa! ¡Cantal ¡Gime! ¡Canta!
Que la sombra me enturbia la garganta
y otra vez viene y mil la luz de enero.

Entre lo que me quieres y te quiero,
aire de estrellas y temblor de planta
espesura de anémonas levanta
con oscuro gemir un año entero.

Goza el fresco paisaje de mi herida,
quiebra juncos y arroyos delicados,
bebe en muslo de miel sangre vertida.

Pronto ¡pronto! Que unidos, enlazados,
boca rota de amor y alma mordida,
el tiempo nos encuentre destrozados.

EL POETA DICE LA VERDAD

Quiero llorar mi pena y te lo digo
para que tú me quieras y me llores
en un anochecer de ruiseñores
con un puñal, con besos y contigo.

Quiero matar al único testigo
para el asesinato de mis flores
y convertir mi llanto y mis sudores
en eterno montón de duro trigo.

Quc no se acabe nunca la madeja
del te quiero me quieres, siempre ardida
con decrépito sol y luna vieja.

Que lo que no me des y no te pida
será para la muerte, que no deja
ni sombra por la carne estremecida.

EL POETA PIDE A SU AMOR QUE LE ESCRIBA

Amor de mis entrañas, viva muerte,
en vano espero tu palabra escrita
y pienso, con la flor que se marchita,
que si vivo sin mí quiero perderte.

El aire es inmortal, la piedra inerte
ni conoce la sombra ni la evita.
Corazón interior no necesita
la miel helada que la luna vierte.

Pero yo te sufrí, rasgué mis venas,
tigre y paloma, sobre tu cintura
en duelo de mordiscos y azucenas.

Llena, pues, de palabras mi locura
o déjame vivir en mi serena noche
del alma para siempre oscura.

AY VOZ SECRETA DEL AMOR OSCURO

¡Ay voz secreta del amor oscuro!
¡ay balido sin lanas! ¡ay herida!
¡ay aguja de hiel, camelia hundida!
¡ay corriente sin mar, ciudad sin muro!

¡Ay noche inmensa de perfil seguro,
montaña celestial de angustia erguida!
¡ay perro en corazón, voz perseguida!
¡silencio sin confín, lirio maduro!

Huye de mí, caliente voz de hielo,
no me quieras perder en la maleza
donde sin fruto gimen carne y cielo.

Deja el duro marfil de mi cabeza,
apiádate de mí, ¡rompe mi duelo!
¡que soy amor, que soy naturaleza!

SONETO DE LA DULCE QUEJA

Tengo miedo a perder la maravilla
de tus ojos de estatua y el acento
que me pone de noche en la mejilla
la solitaria rosa de tu aliento.

Tengo pena de ser en esta orilla
tronco sin ramas, y lo que más siento
es no tener la flor, pulpa o arcilla,
para el gusano de mi sufrimiento.

Si tú eres el tesoro oculto mío,
si eres mi cruz y mi dolor mojado,
si soy el perro de tu señorío.
No me dejes perder lo que he ganado
y decora las aguas de tu río
con hojas de mi Otoño enajenado.

NOCHE DEL AMOR INSOMNE

Noche arriba los dos con luna llena,
yo me puse a llorar y tú reías.
Tu desdén era un dios, las quejas mías
momentos y palomas en cadena

Noche abajo los dos. Cristal de pena,
llorabas tú por hondas lejanías.
Mi dolor era un grupo de agonías
sobre tu débil corazón de arena.

La aurora nos unió sobre la cama,
las bocas puestas sobre el chorro helado
de una sangre sin fin que se derrama.

Y el sol entró por el balcón cerrado
y el coral de la vida abrió su rama
sobre mi corazón amortajado.

EL POETA PREGUNTA A SU AMOR POR LA CIUDAD ENCANTADA DE CUENCA

¿Te gustó la ciudad que gota a gota
labró el agua en el centro de los pinos?
¿Viste sueños y rostros y caminos
y muros de dolor que el aire azota?

¿Viste la grieta azul de luna rota
que el Júcar moja de cristal y trinos?
¿Han besado tus dedos los espinos
que coronan de amor piedra remota?

Te acordaste de mí cuando subías
al silencio que sufre la serpiente,
prisionera de grillos y de umbrías?

¿No viste por el aire transparente
una dalia de penas y alegrías
que te mandó mi corazón caliente?

EL POETA HABLA POR TELÉFONO CON EL AMOR

Tu voz regó la duna de mi pecho
en la dulce cabina de madera.
Por el sur de mis pies fue primavera
y al norte de mi frente flor de helecho.

Pino de luz por el espacio estrecho
cantó sin alborada y sementera
y mi llanto prendió por vez primera
coronas de esperanza por el techo.

Dulce y lejana voz por mí vertida.
Dulce y lejana voz por mí gustada.
Lejana y dulce voz amortecida.

Lejana como oscura corza herida.
Dulce como un sollozo en la nevada.
¡Lejana y dulce en tuétano metida!

EL AMOR DUERME EN EL PECHO DEL POETA

Tú nunca entenderás lo que te quiero
porque duermes en mí y estás dormido.
Yo te oculto llorando, perseguido
por una voz de penetrante acero.

Norma que agita igual carne y lucero
traspasa ya mi pecho dolorido
y las turbias palabras han mordido
las alas de tu espíritu severo.

Grupo de gente salta en los jardines
esperando tu cuerpo y mi agonía
en caballos de luz y verdes crines.

Pero sigue durmiendo, vida mía.
Oye mi sangre rota en los violines.
¡Mira que nos acechan todavía!

POÉTICA

De viva voz a G(erardo) D(iego)

Pero ¿qué voy a decir yo de la Poesía? ¿Qué voy a decir de esas nubes, de ese cielo? Mirar, mirar, mirarlas, mirarle, y nada más. Comprenderás que un poeta no puede decir nada de la Poesía. Eso déjaselo a los críticos y profesores. Pero ni tú ni yo ni ningún poeta sabemos lo que es la Poesía.

Aquí está; mira. Yo tengo el fuego en mis manos. Yo lo entiendo y trabajo con él perfectamente, pero no puedo hablar de él sin literatura. Yo comprendo todas las poéticas; podría hablar de ellas si no cambiara de opinión cada cinco minutos. No sé. Puede que algún día me guste la poesía mala muchísimo, como me gusta (nos gusta) hoy la música mala con locura. Quemaré el Partenón por la noche, para empezar a levantarlo por la mañana y no terminarlo nunca.

En mis conferencias he hablado a veces de la Poesía, pero de lo único que no puedo hablar es de mi poesía. Y no porque sea un inconsciente de lo que hago. Al contrario, si es verdad que soy poeta por la gracia de Dios, o del demonio, también lo es que lo soy por la gracia de la técnica y del esfuerzo, y de darme cuenta en absoluto de lo que es un poema.

TRES HISTORIETAS DEL VIENTO

I

El viento venía rojo
por el collado encendido
y se ha puesto verde, verde
por el río.
Luego se pondrá violeta,
amarillo y...
Será sobre los sembrados
un arco iris tendido.

II

Viento estancado.
Arriba el sol.
Abajo
las algas temblorosas
de los álamos.
Y mi corazón
temblando.

Viento estancado
a las cinco de la tarde.
Sin pájaros.

III

La brisa
es ondulada
como los cabellos
de algunas muchachas.
Como los marecitos
de algunas viejas tablas.
La brisa
brota como el agua
y se derrama,
—como un bálsamo blanco—,
por las cañadas,
y se desmaya
al chocar con lo duro
de la montaña.

ESTE ES EL PRÓLOGO

Dejaría en este libro
toda mi alma.
Este libro que ha visto
conmigo los paisajes
y vivido horas santas.

¡Qué pena de los libros
que nos llenan las manos
de rosas y de estrellas
y lentamente pasan!

¡Qué tristeza tan honda
es mirar los retablos
de dolores y penas
que un corazón levanta!

Ver pasar los espectros
de vidas que se borran,
ver al hombre desnudo
en Pegaso sin alas,

ver la vida y la muerte,
la síntesis del mundo,
que en espacios profundos
se miran y se abrazan.

Un libro de poesías
es el otoño muerto:
los versos son las hojas
negras en tierras blancas,

y la voz que los lee
es el soplo del viento
que les hunde en los pechos,
—entrañables distancias—.
El poeta es un árbol
con frutos de tristeza
y con hojas marchitas
de llorar lo que ama.

El poeta es el médium
de la Naturaleza
que explica su grandeza
por medio de palabras.

El poeta comprende
todo lo incomprensible,
y a cosas que se odian,
él, amigas las llama.

Sabe que los senderos
son todos imposibles,
y por eso de noche
va por ellos en calma.

En los libros de versos,
entre rosas de sangre,
van pasando las tristes
y eternas caravanas
que hicieron al poeta
cuando llora en las tardes,
rodeado y ceñido
por sus propios fantasmas.

Poesía es amargura,
miel celeste que mana
de un panal invisible
que fabrican las almas.

Poesía es lo imposible
hecho posible. Arpa
que tiene en vez de cuerdas
corazones y llamas.
Poesía es la vida
que cruzamos con ansia
esperando al que lleva
sin rumbo nuestra barca.

Libros dulces de versos
son los astros que pasan
por el silencio mudo
al reino de la Nada,
escribiendo en el cielo
sus estrofas de plata.
¡Oh, qué penas tan hondas
y nunca remediadas,
las voces dolorosas
que los poetas cantan!

Dejaría en el libro
este toda mi alma...

LA ORACIÓN DE LAS ROSAS

¡Ave rosas, estrellas solemnes!
Rosas, rosas, joyas vivas de infinito;
bocas, senos y almas vagas perfumadas;
llantos, ¡besos!, granos, polen de la luna;
dulces lotos de las almas estancadas;
¡ave rosas, estrellas solemnes!

Amigas de poetas
y de mi corazón,
¡ave rosas, estrellas
de luminosa Sión!
Panidas, sí, Panidas;
el trágico Rubén
así llamó en sus versos
al lánguido Verlaine,
que era rosa sangrienta
y amarilla a la vez.
Dejad que así os llame,
Panidas, sí, Panidas,
esencias de un Edén,
de labios danzarines,
de senos de mujer.
Vosotras junto al mármol
la sangre sois de él,
pero si fueseis olores
del vergel
en que los faunos moran,
tenéis en vuestro ser
una esencia divina:
María de Nazaret,

que esconde en vuestros pechos
blancura de su miel;
flor única y divina,
flor de Dios y Luzbel.
Flor eterna. Conjuro al suspiro.
Flor grandiosa, divina, enervante,
flor de fauno y de virgen cristiana,
flor de Venus furiosa y tonante,
flor mariana celeste y sedante,
flor que es vida y azul fontana
del amor juvenil y arrogante
que en su cáliz sus ansias aclara.

¡Qué sería la vida sin rosas!
Una senda sin ritmo ni sangre,
un abismo sin noche ni día.
Ellas prestan al alma sus alas,
que sin ellas el alma moría,
sin estrellas, sin fe, sin las claras
ilusiones que el alma quería.

Ellas son refugio de muchos corazones
ellas son estrellas que sienten el amor,
ellas son silencios que lentos escaparon
del eterno poeta nocturno y soñador,
y con aire y con cielo y con luz se formaron,
por eso todas ellas al nacer imitaron
el color y la forma de nuestro corazón.
Ellas son las mujeres entre todas las flores,
tibios sancta sanctorum de la eterna poesía,
neáporis grandiosas de todo pensamiento,
copones de perfume que azul se bebe el viento,

cromáticos enjambres, perlas del sentimiento,
adornos de las liras, poetas sin acento.
Amantes olorosas de dulces ruiseñores.

Madres de todo lo bello,
sois eternas, magníficas, tristes
como tardes calladas de octubre,
que al morir, melancólicas, vagas,
una noche de otoño las cubre,
porque al ser como sois la poesía
estáis llenas de otoño, de tardes,
de pesares, de melancolía,
de tristezas, de amores fatales,
de crepúsculo gris de agonía,
que sois tristes, al ser la poesía
que es un agua de vuestros rosales.
Santas rosas divinas y varias,
esperanzas, anhelos, pasión,
deposito en vosotras, amigas;
dadme un cáliz vacío, ya muerto,
que en su fondo, mustiado y desierto,
volcaré mi fatal corazón.
¡Ave rosas, estrellas solemnes!
Llenas rosas de gracia y amor,
todo el cielo y la tierra son vuestros
y benditos serán los maestros
que proclamen la voz de tu flor.
Y bendito será el bello fruto
de tu bello evangelio solemne,
y bendito tu aroma perenne,
y bendito tu pálido albor.
Solitarias, divinas y graves,

sollozad, pues sois flores de amor,
sollozad por los niños que os cortan,
sollozad por ser alma y ser flor,
sollozad por los malos poetas
que no os pueden cantar con dolor,
sollozad por la luna que os ama,
sollozad por tanto corazón
como en sombra os escucha callado,
y también sollozad por mi amor.
¡Ay!, incensarios carnales del alma,
chopinescas romanzas de olor,
sollozad por mis besos ocultos
que mi boca a vosotras os dio.
Sollozad por la niebla de tumba
donde sangra mi gran corazón,
y en mi hora de estrella apagada,
que mis ojos se cierren al sol,
sed mi blanco y severo sudario,
chopinescas romanzas de olor.
Ocultadme en un valle tranquilo,
y esperando mi resurrección,
id sorbiendo con vuestras raíces
la amargura de mi corazón.

Rosas, rosas divinas y bellas,
sollozad, pues sois flores de amor.

ODA A SALVADOR DALÍ
(1926)

Una rosa en el alto jardín que tu deseas.
Una rueda en la pura sintaxis del acero.
Desnuda la montaña de niebla impresionista.
Los grises oteando sus balaustradas últimas.

Los pintores modernos, en sus blancos estudios,
cortan la flor aséptica de la raíz cuadrada.
En las aguas del Sena un iceberg de mármol
enfría las ventanas y disipa las yedras.

El hombre pisa fuerte las calles enlosadas.
Los cristales esquivan la magia del reflejo.
El Gobierno ha cerrado las tiendas de perfume.
La máquina eterniza sus compases binarios.

Una ausencia de bosques, biombos y entrecejos
yerra por los tejados de las casas antiguas.
El aire pulimenta su prisma sobre el mar
y el horizonte sube como un gran acueducto.

Marineros que ignoran el vino y la penumbra
decapitan sirenas en los mares de plomo.
La Noche, negra estatua de la prudencia, tiene
el espejo redondo de la luna en su mano.

Un deseo de formas y límites nos gana.
Viene el hombre que mira con el metro amarillo.
Venus es una blanca naturaleza muerta
y los coleccionistas de mariposas huyen.

Cadaqués, en el fiel del agua y la colina,
eleva escalinatas y oculta caracolas.
Las flautas de madera pacifican el aire.
Un viejo dios silvestre da frutas a los niños.

Sus pescadores duermen, sin ensueño, en la arena.
En alta mar les sirve de brújula una rosa.
El horizonte virgen de pañuelos heridos
junta los grandes vidrios del pez y de la luna.

Una dura corona de blancos bergantines
ciñe frentes amargas y cabellos de arena.
Las sirenas convencen, pero no sugestionan,
y salen si mostramos un vaso de agua dulce.

¡Oh Salvador Dalí, de voz aceitunada!
No elogio tu imperfecto pincel adolescente
ni tu color que ronda la color de tu tiempo,
pero alabo tus ansias de eterno limitado.

Alma higiénica, vives sobre mármoles nuevos.
Huyes la oscura selva de formas increíbles.
Tu fantasía llega donde llegan tus manos,
y gozas el soneto del mar en tu ventana.

El mundo tiene sordas penumbras y desorden,
en los primeros términos que el humano frecuenta.
Pero ya las estrellas ocultando paisajes,
señalan el esquema perfecto de sus órbitas.

La corriente del tiempo se remansa y ordena
en las formas numéricas de un siglo y otro siglo.

Y la Muerte vencida se refugia temblando
en el círculo estrecho del minuto presente.

Al coger tu paleta, con un tiro en un ala,
pides la luz que anima la copa del olivo.
Ancha luz de Minerva, constructora de andamios,
donde no cabe el sueño ni su flora inexacta.

Pides la luz antigua que se queda en la frente,
sin bajar a la boca ni al corazón del hombre.
Luz que temen las vides entrañables de Baco
y la fuerza sin orden que lleva el agua curva.
Haces bien en poner banderines de aviso,
en el límite oscuro que relumbra de noche.
Como pintor no quieres que te ablande la forma
el algodón cambiante de una nube imprevista.

El pez en la pecera y el pájaro en la jaula.
No quieres inventarlos en el mar o en el viento.
Estilizas o copias después de haber mirado
con honestas pupilas sus cuerpecillos ágiles.

Amas una materia definida y exacta
donde el hongo no pueda poner su campamento.
Amas la arquitectura que construye en lo ausente
y admites la bandera como una simple broma.

Dice el compás de acero su corto verso elástico.
Desconocidas islas desmienten ya la esfera.
Dice la línea recta su vertical esfuerzo
y los sabios cristales cantan sus geometrías.

Pero también la rosa del jardín donde vives.
¡Siempre la rosa, siempre, norte y sur de nosotros!
Tranquila y concentrada como una estatua ciega,
ignorante de esfuerzos soterrados que causa.

Rosa pura que limpia de artificios y croquis
y nos abre las alas tenues de la sonrisa.
(Mariposa clavada que medita su vuelo.)
Rosa del equilibrio sin dolores buscados.
¡Siempre la rosa!

¡Oh Salvador Dalí de voz aceitunada!
Digo lo que me dicen tu persona y tus cuadros.
No alabo tu imperfecto pincel adolescente,
pero canto la firme dirección de tus flechas.

Canto tu bello esfuerzo de luces catalanas,
tu amor a lo que tiene explicación posible.
Canto tu corazón astronómico y tierno,
de baraja francesa y sin ninguna herida.

Canto el ansia de estatua que persigues sin tregua
el miedo a la emoción que te aguarda en la calle.
Canto la sirenita de la mar que te canta
montada en bicicleta de corales y conchas.

Pero ante todo canto un común pensamiento
que nos une en las horas oscuras y doradas.
No es el Arte la luz que nos ciega los ojos.
Es primero el amor, la amistad o la esgrima.

Es primero que el cuadro que paciente dibujas

el seno de Teresa, la de cutis insomne,
el apretado bucle de Matilde la ingrata,
nuestra amistad pintada como un juego de oca.

Huellas dactilográficas de sangre sobre el oro
rayen el corazón de Cataluña eterna.
Estrellas como puños sin halcón te relumbren,
mientras que tu pintura y tu vida florecen.

No mires la clepsidra con alas membranosas,
ni la dura guadaña de las alegorías.
Viste y desnuda siempre tu pincel en el aire,
frente a la mar poblada con barcos y marinos.

Índice